定期テスト **ズバリよくでる** 国語 2年 教育出

もくじ

	教科書のページ	本書のページ Step 1	本書のページ Step 2	標準的な出題範囲 3学期制	標準的な出題範囲 2学期制	あなたの学校の出題範囲
1 自己／他者／物語				1学期 中間テスト	前期 中間テスト	
虹の足	14〜17	2〜3				
タオル	20〜35	4〜5	6〜7			
文法の小窓1／漢字の広場1	36〜41		8〜9			
2 自然／環境／科学						
日本の花火の楽しみ	46〜53	10〜11	12〜13			
水の山　富士山	54〜60	14〜15	16〜17			
言葉の小窓1	46〜64		18〜19	1学期 期末テスト		
3 身体／生命／家族					前期 期末テスト	
夢を跳ぶ	72〜79	20〜21	22〜23			
言葉の小窓2	72〜80		24〜25	2学期 中間テスト		
SNSから自由になるために	84〜85	26〜27				
漢字の広場2	90〜91		28〜29			
4 近代化／国際社会／共生						
「ここにいる」を言う意味	100〜101	30〜31				
紙の建築	104〜113	32〜33	34〜35			
文法の小窓2	100〜119		36〜37		後期 中間テスト	
5 伝統／文化／歴史						
敦盛の最期――平家物語――	122〜131	38〜39	40〜41			
随筆の味わい――枕草子・徒然草――	132〜141	42〜43		2学期 期末テスト		
二千五百年前からのメッセージ――孔子の言葉――	142〜145	44〜45				
6 人権／多様性／平和						
坊っちゃん	146〜161	46〜47				
短歌の味わい	164〜167	48〜49				
夏の葬列	172〜184	50〜51				
漢字の広場3	190〜192		52〜53		後期 期末テスト	
7 近代化／国際社会／共生				3学期 期末テスト		
ガイアの知性	194〜205	54〜55	56〜57			
8 表現／対話／思想						
学ぶ力	224〜232	58〜59	60〜61			
文法の小窓3	237〜239		62〜63			
9 自己／他者／物語						
豚	242〜245	64〜65				
走れメロス	246〜266	66〜67	68〜69			
言葉の小窓3	242〜267		70〜71			
漢字の広場4	272〜273		72			

取り外してお使いください 赤シート+直前チェックBOOK,別冊解答

※全国の定期テストの標準的な出題範囲を示しています。学校の学習進度とあわない場合は,「あなたの学校の出題範囲」欄に出題範囲を書きこんでお使いください。

Step 1

虹の足

15分

❶ 詩を読んで、問いに答えなさい。

▼教16ページ〜17ページ

虹の足

吉野弘

雨があがって
雲間から
乾麺みたいに真直な
陽射しがたくさん地上に刺さり
行手に榛名山が見えたころ
山路を登るバスの中で見たのだ、虹の足を。
眼下にひろがる田圃の上に
虹がそっと足を下ろしたのを！
野面にすらりと足を置いて
虹のアーチが軽やかに
すっくと空に立ったのを！
その虹の足の底に
小さな村といくつかの家が
すっぽり抱かれて染められていたのだ。
それなのに
家から飛び出して虹の足にさわろうとする人影は見えない。
――おーい、君の家が虹の中にあるぞオ

(1) 作者が見た虹の様子について、次の文の（　）にあてはまる言葉を詩の中から三字で抜き出しなさい。
・田圃の上にそっと足を下ろし、虹の（　　）が空に立つ様子。

(2) 次の部分に使われている表現技法をあとから一つずつ選び、記号で答えなさい。
❶ 3・4行め「乾麺みたいに真直な／陽射し」
❷ 6行め「山路を登る……虹の足を。」
❸ 8行め「虹がそっと足を下ろしたのを！」
ア 繰り返し　イ 直喩　ウ 擬人法　エ 倒置法

❶（　）❷（　）❸（　）

(3) 18行め「乗客たちは頬を火照らせ」には、乗客たちのどのような気持ちが表れていますか。次から一つ選び、記号で答えなさい。
ア 早くこの虹の存在を知らせたいというあせり。
イ 偶然に出会ったすばらしい光景に対する感動。
ウ 自分たちだけが虹を見ているという優越感。
エ 貴重な機会に気づかない人々へのいらだち。

（　）

乗客たちは頰を火照らせ
野面に立った虹の足に見とれた。
多分、あれはバスの中の僕らには見えて
村の人々には見えないのだ。
そんなこともあるのだろう
他人には見えて
自分には見えない幸福の中で
格別驚きもせず
幸福に生きていることが――。

テストで点を取るポイント

国語の中間・期末テストでは、次のポイントを押さえて確実に点数アップをねらうことができます。

☑ **ノートを確認して、教科書を音読する**

❶授業中の板書を写したノートをおさらいします。
国語の定期テストでは黒板に書かれた内容がテストで問われることが多く、先生によっては要点を赤字にしたり、繰り返し注意したりしてヒントを出してくれています。

❷教科書の文章を音読して読み直す。
テストで出る文章は決まっているので、かならず何度も読み直して文章内容を理解しておきましょう。

☑ **ステップ1・ステップ2を解く**

≫実際に文章読解問題・文法問題を解いて、内容を理解できているか確認します。いずれも時間を計って、短時間で解く練習をしておきましょう。

☑ **小冊子で漢字を確認する**

≫テスト直前には新出漢字や文法事項、古文単語などの暗記事項を確認します。

Step 1

タオル

15分

❶ 文章を読んで、問いに答えなさい。

▼教 28ページ5行〜29ページ16行

ビールとジュース、それに「サービスです。」とゆでたイカの小鉢がテーブルに並んだ。この地方でベイカと呼ぶ、春が旬の小さなイカだ。酢味噌で食べると、すっぱさの奥でじんわりと甘みがにじむ。

「人が亡くなったときには乾杯っていわないんだ。献杯っていうんだ。」

ケンパイ。また知らない言葉が出てきた。ふだんなら、家に帰って母にきけば、すぐに漢字を教えてくれる。でも、今夜はたぶんそんなことを話しかける余裕はないだろう。

①ビールとジュースのコップを軽くぶつけてケンパイすると、シライさんはビールを一口飲んで、ふうう、と声に出して息をついた。

「写真、見せてやるよ。」

床に置いたバッグのファスナーを開け、中からぶ厚く膨らんだ封筒を取り出した。

「これ、全部写真なんですか？」

「ああ。全部、②おじいさんとお父さんの写真だよ。」

ほら、これ、とシライさんは封筒から出した写真を何枚かまとめて少年に渡した。

祖父と父がいた。船に乗っていた。二人とも今よりずっと若い。

(1) ——線①「ビールとジュースのコップを軽くぶつけてケンパイする」とありますが、なぜ「ケンパイ」と片仮名で書かれているのですか。次から一つ選び、記号で答えなさい。

ア　人が死んだときにする献杯とは違うと思っているから。

イ　献杯の意味がわからないままその言葉を使っているから。

ウ　ビールとジュースは献杯にはふさわしくないと思ったから。

エ　母が忙しいため、漢字を教われず残念だから。

(2) ——線②「おじいさんとお父さんの写真」とありますが、どのような写真かを述べている部分を文章中から探し、初めと終わりの五字を抜き出しなさい。（句読点を含む。）

□□□□□ 〜 □□□□□

(3) ——線③「クスッと笑いかけて……と頬をすぼめた」のはなぜですか。文章中の言葉を用いて答えなさい。

父はまだ二十歳そこそこで、祖父も還暦前だった。

　はげていない頃の写真を見せたらおじいちゃんは恥ずかしがるだろうか、と③クスッと笑いかけて、ああそうか、と頬をすぼめた。もうおじいちゃんと話すことはできないんだな。おとといから何度も思ってきたことなのに、④今初めて、それが悲しさと結びついた。

　漁をしている時の祖父の写真は、どれもタオルを頭に巻いていた。いつもだ。昔から変わらない。最後の漁に出たおとといもそうだった。出かける前に庭のほうに回る。漁の道具をしまった納屋の脇に、針金を渡した物干し台がある。昨日のうちに干しておいたタオルをそこから取って、キュッと頭に巻き付けて、「ほな行ってくるけん。」と港へ向かう。漁を終え、魚市場に魚を卸し、仲間と軽く一杯やってから家に帰ってくると、頭からはずしたタオルを水洗いして、物干し台の針金に掛ける。ずっとそうだった。毎日毎日、それを繰り返していた。

「ほら、この頃はまだお父さんの雰囲気、⑤あんまり漁師らしくないだろ。」

「……はい。」

「漁師を継ぐのは嫌だ嫌だって、俺と酒を飲むと文句ばっかり言ってたんだ。」

「そうなんですか？」

「今は、生まれついての漁師です、って顔してるけどな。」

　シライさんはおかしそうに笑った。

重松　清「タオル」〈『はじめての文学　重松清』〉より

(4) ——線④「今初めて、それが悲しさと結びついた」とありますが、どういうことですか。次から一つ選び、記号で答えなさい。

ア　少年は祖父の写真を見て悲しみが増したということ。
イ　少年は祖父の死をゆっくり悲しむひまがこれまでなかったこと。
ウ　これまで、少年が祖父の死を実感できていなかったということ。
エ　少年はシライさんと話して初めて祖父の死を知ったということ。

(5) ——線⑤「あんまり漁師らしくないだろ」とありますが、これと反対の内容を指す言葉を、文章から九字で抜き出しなさい。

ヒント

(3) 「頬をすぼめた」は少年が笑うのをやめたことを表している。後の部分から、笑うことをやめたきっかけを読み取ろう。

(4) 今までは、おじいちゃんが死んだのは悲しいことだと頭ではわかっていても、悲しいという気持ちにはなっていなかったことをおさえよう。

シライさんとの会話で少年が祖父の死を実感し始めていることを読み取ろう。

Step 2

タオル

❶ 文章を読んで、問いに答えなさい。思

▼教 32ページ2行～33ページ12行

①おとといまではこの家にいた人のことを、もうみんなは思い出話にしてしゃべっている。
②急に寂しくなった。涙は出なくても、だんだん悲しくなってきた。
玄関からまた外に出て、庭のほうに回った。

納屋の脇に、ほの白いものが見えた。

祖父のタオルだった。

手を伸ばしかけたが、触るのがなんとなく怖くて、中途半端な位置に手を持ち上げたまま、しばらくタオルを見つめた。

「おう、ここにおったんか。」

背中に声をかけられ、振り向くと、父とシライさんがいた。

「おじいちゃんの写真、シライさんに見せてもろうとったら、おもしろかったんじゃ。おじいちゃんは漁に出るときはいつもタオルを巻いとったろう。じゃけん、家におる時の写真を見たら、おまえ、③みいんなデコのところが白うなっとるんよ。そこだけ日に焼けとらんけん……。」

父はかなり酔っているのか、ろれつの怪しい声で言って、体を揺すって笑った。

「ほいで、今もそうなんじゃろうか思うて棺桶をのぞいてみたら、やっぱりデコが白いんよ。じゃけん、のう、シライさん、④じいさん

(1) ——線①「おとといまではこの家にいた人」とは誰ですか。文章中から漢字二字で抜き出しなさい。

(2) ——線②「急に寂しくなった」とありますが、これはなぜですか。文章中の言葉を使って、簡潔に書きなさい。

(3) ——線③「みいんなデコのところが白うなっとるんよ」とありますが、なぜ白くなっていたのですか。次から二つ選び、記号で答えなさい。

ア 写真にだけ、額に白くあとがついていたから。
イ 漁に出るとき、いつもタオルを巻いていたから。
ウ 家にいるときは、日に焼けなかったから。
エ タオルを巻いたところだけ、日に焼けなかったから。
オ タオルにしみこんだ塩分が額に残っていたから。

(4) ——線④「じいさんをええ男にして」とありますが、具体的にどうしようと思っていますか。文章中の言葉を使って、「……と思っている。」という形で簡潔に書きなさい。

(5) ——線⑤「そこ」とは、何を指していますか。文章中から一語で抜き出しなさい。

(6) 「タオル」を巻いた時の少年の心情を、「実感」「におい」という言葉を用いて書きなさい。

20分

/100

目標 75点

をえ男にして冥土（めいど）に送ってやらんといけんもんのう……。」

涙声になってきた父の言葉を引き取って、シライさんが「タオルを取りに来たんだ。」と言った。「やっぱり、タオルがないとおじいちゃんじゃないから。」

父は涙ぐみながら針金からタオルをはずし、少年に「せっかくじゃけん、おまえも頭に巻いてみいや。」と言った。

シライさんも「そうだな、写真撮（と）ってやるよ。」とカメラをかまえた。

少年はタオルをねじって細くした――いつも祖父がそうしていたように。

額にきつく巻き付けた。

水道の水ですすぎきれなかった潮のにおいが鼻をくすぐった。おじいちゃんのにおいだ、と思った。

「おう、よう似合（にお）うとるど。」

父は拍手をして、そのままうつむき、太い腕で目もとをこすった。

シライさんがカメラのフラッシュをたいた。まぶしさに目を細め、またたくと、熱いものがまぶたからあふれ出た。かすかな潮のにおいは、⑤そこにもあった。

重松 清「タオル」〈『はじめての文学 重松清』〉より

❷ ――線のカタカナを漢字で書きなさい。

❶ ホテルにトまる。

❷ 自己ショウカイをする。

❸ イッセキの船が見える。

❹ 家業をツぐ。

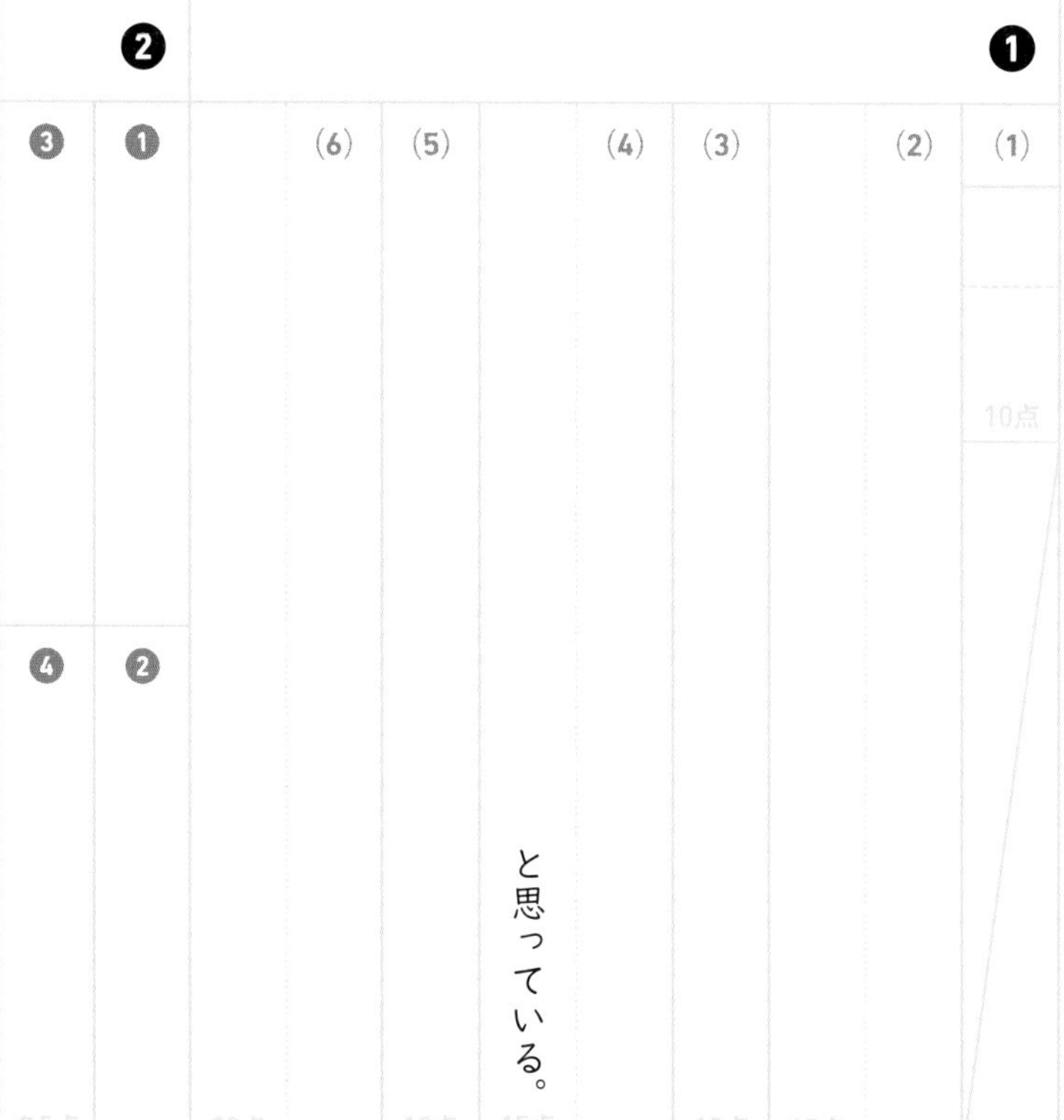

成績評価の観点 思…思考・判断・表現

Step 2 文法の小窓1 活用のない自立語／漢字の広場1 まちがえやすい漢字

（虹の足～漢字の練習1）

20分

/100

目標 75点

1 ――部の漢字の読み仮名を書きなさい。

1 兄を紹介する。
2 小鉢を頼む。
3 封筒に包む。
4 服を掛ける。
5 連絡をとる。
6 机を拭く。
7 叔母に会う。
8 側溝にはまる。
9 座禅を組む。
10 シャツの襟首。
11 公になる。
12 朗らかな性格。
13 手綱をつかむ。
14 試合に臨む。
15 機嫌を損なう。

1			
1	5	9	13
2	6	10	14
3	7	11	15
4	8	12	

各2点

2 カタカナを漢字に直しなさい。

1 空にニジが出る。
2 子犬をダく。
3 シンセキに会う。
4 カタをたたく。
5 宿にトまる。
6 アマみのある米。
7 シュッカンする。
8 ケンソンする。
9 シンシュクする棒。
10 ケンリョを伺う。
11 ケンルイを抜く。
12 ショクゼンを運ぶ。
13 カッショクの肌。
14 ソゼイを納める。
15 マサツが起きる。

2			
1	5	9	13
2	6	10	14
3	7	11	15
4	8	12	

各2点

3 次の各文中の――線部の品詞名を書きなさい。

1 来週までに、申込書を提出してもらいたい。
2 先月から大きな事件が続いている。
3 みんなの前なので、ゆっくり話す。
4 熱があった。だから、学校を休んだ。
5 おはよう、今日はいい天気になったね。

3		
1	2	3
4	5	各2点

4 次の文の――線部の接続詞のはたらきをあとから選び、記号で答えなさい。

1 長い連休がある。だから、旅行を計画している。
2 暗くなってきたね。でも、僕はまだ帰るつもりはないよ。
3 本は買わなかった。なぜなら、お金が足りなかったから。
4 電車で行きますか。それとも、バスにしますか。
5 雨が降ってきた。そのうえ、風も強くなってきた。

ア 順接　イ 逆接　ウ 累加　エ 補足　オ 選択

4					
1	2	3	4	5	各3点

5 次の文の――線部の漢字が正しければ○を、まちがっていれば正しい漢字に直しなさい。

1 病院で保健証を出す。
2 道路標識を見落とす。
3 強裂な印象を受ける。
4 明朗で快活な少年だ。
5 緯度と径度を調べる。

5					
1	2	3	4	5	各3点

テストに出る

- **名詞**……人・物・事柄などを表す。
- **副詞**……主に連用修飾語となり、様子・状態・程度を表す。
- **連体詞**……連体修飾語になる。
- **接続詞**……接続語になり、前後の文や語をつなぐ。
- **感動詞**……独立語になり、感動や呼びかけなどを表す。

Step 1

日本の花火の楽しみ

15分

❶ 文章を読んで、問いに答えなさい。

▼㊫50ページ1行～51ページ17行

花火師によると、理想とする花火の姿は、ゆがみなくまん丸く大きく開いたものだという。破綻のない丸さは、日本の花火の最大の特徴として追求されてきた要素だ。さらに、はっきりした発色で一斉に変色し、一斉に消える。芯物の場合は、芯の部分全体ができるだけ丸く大きく開き、その中心が一点に合わさる。①それぞれの条件は単純だが、同じように細心の作業をしても、全てを満たす満足のいく花火玉は、年に数えるほどしか生まれないとのことである。

形の乱れやゆがみは、見た目の美しさを半減させる。花火作りは、内包する部品作りから組み立てにいたるまでほとんどが手作業で、その良しあしや精度が、開花した時の姿に大きく影響する。②丁寧な作業を積み重ねることで、理想の姿に近づけていくのだと花火師は言う。

大きく整った球体となって開花するためには、花火玉を、上昇から落下に転ずる一瞬止まった時に開かせることが欠かせない。動きの途中で開くと、花の形がゆがんで丸く開かない。③このタイミングを合わせるために、打ち上げる技術にも気を配る。

花火玉が開いて、星が一斉に飛び散って作る全体の形のことを「盆」という。花火が開く時の直径は、花火玉の大きさでおおよそ決まっているが、それをより大きく見せ、理想的な盆にするために、

(1) ――線①「それぞれの条件」とありますが、何の条件ですか。次から一つ選び、記号で答えなさい。

ア 芯物の花火玉の条件。　イ 花火を丸く開かせる条件。
ウ 理想の花火になる条件。　エ 花火玉を作る時の条件。

（　　）

(2) ――線②「丁寧な作業」とありますが、例えばどんな作業がありますか。ここより前から二つ抜き出しなさい。

（　　）（　　）

(3) ――線③「このタイミング」とは、花火玉がどうなっている時ですか。文章中から十七字で探し、初めと終わりの五字を答えなさい。

□□□□□～□□□□□

(4) ――線④「花の花弁や芯になぞらえられる星は、花火の命といわれる」のはなぜですか。次から一つ選び、記号で答えなさい。

ア 理想とする花火の姿になるかどうかは、ほとんど星によって決

星を正確に敷き詰め、加えて、割火薬の爆発力と、玉皮の強度などのバランスを追い求める。

④花の花弁や芯になぞらえられる星は、花火の命といわれる。全ての星が一糸乱れず均等に飛び、同時に変色し、消えなければならない。内包する数百の星を均質に仕上げるために、花火師は星の製作に最も神経をつかう。形や燃え方にふぞろいがあれば、その星はまっすぐに飛ばない。いくつかの星が蛇行することを「星が泳ぐ」、着火しない星があって均等に広がった光の一部が欠けることを「抜け星」という。いずれも、理想とする花火の姿を破綻させてしまう要因になる。

それぞれの星の色合いや変色の具合も、観客の目を楽しませることができるかどうかに影響する。花火の完成度を高めるためには、色の変化の多さだけではなく、理想の色に見えるか、また、足並みがそろって同時に変化しているかが重要だ。

花火が消える時には、全ての星が一つも残らず一斉に燃え尽きて、全体が一瞬で消えるのが理想で、これを「消え口がよい」と評価する。消え際のよい花火は強烈な余韻を残し、開いている時の華やかさとの落差が、より鮮烈な印象とはかなさを見る者の心に焼きつける。花火師が丹精をこめて作った花火は、こうして夜空で咲き、消え去る時にようやく完結する芸術となるのだ。

小野里 公成「日本の花火の楽しみ」より

まってしまうから。

イ 花火師は星の製作に最も神経をつかい、星に命を吹き込んでいると言えるから。

ウ 花の花弁や芯の部分は、花火を花と見立てたときの中心になるところだから。

(5) この文章の特徴を説明したものとして、あてはまるものを次から一つ選び、記号で答えなさい。

ア 花火師から聞いた花火の製作について、順序よく並べてわかりやすく説明している。

イ 花火師の理想とする花火について、初めおおまかに述べたあとでさらに細かく説明している。

ウ 花火の製作の難しさや理想の色や形について、花火師の言葉をそのまま借りて説明している。

ヒント

(4) 直後に続く文章の内容に詳しく述べられている。星のできによって花火がどうなるかを読み取ろう。

(5) 冒頭で、「理想とする花火の姿は」と簡潔に述べたあと、そのような花火にするための条件や、花火師の努力などについて詳しく説明している。

Step 2

日本の花火の楽しみ

20分

/100

目標 75点

1 文章を読んで、問いに答えなさい。思

▼教 50ページ15行～52ページ10行

花火玉が開いて、星が一斉に飛び散って作る全体の形のことを「盆」という。花火が開く時の直径は、花火玉の大きさでおおよそ決まっているが、①それをより大きく見せ、理想的な盆にするために、星を正確に敷き詰め、加えて、割火薬の爆発力と、玉皮の強度などのバランスを追い求める。

花の花弁や芯になぞらえられる星は、花火の命といわれる。全ての星が一糸乱れず均等に飛び、同時に変色し、消えなければならない。内包する数百の星を均質に仕上げるために、花火師は星の製作に最も神経をつかう。形や燃え方にふぞろいがあれば、その星はまっすぐに飛ばない。いくつかの星が蛇行することを「星が泳ぐ」、着火しない星があって均等に広がった光の一部が欠けることを「抜け星」という。②いずれも、理想とする花火の姿を破綻させてしまう要因になる。

それぞれの③星の色合いや変色の具合も、観客の目を楽しませることができるかどうかに影響する。花火の完成度を高めるためには、色の変化の多さだけではなく、理想の色に見えるか、また、足並みがそろって同時に変化しているかが重要だ。

花火が消える時には、全ての星が一つも残らず一斉に燃え尽きて、④全体が一瞬で消えるのが理想で、これを「消え口がよい」と評価す

(1) ――線①「それ」は何を指していますか。文章から抜き出しなさい。

(2) ――線②「いずれも」とは、どんなことを指していますか。文章中の言葉を使って書きなさい。

(3) ――線③「星の色合いや変色の具合」とありますが、これがどのようになっているのが理想的な花火ですか。あてはまらないものを次から選び、記号で答えなさい。

ア 複数の色が同時に見える。　イ 理想の色に見える。

ウ 色の変化が多い。　エ 同時に色が変化する。

(4) ――線④「全体が一瞬で消えるのが理想」とありますが、観客は「一瞬で消える花火」をどのように感じますか。文章中の言葉を使って、簡潔に書きなさい。

(5) ――線⑤「誰もがその……ないだろう」とありますが、人々はなぜ花火を見たいと思うのですか。文章中の言葉を使って、簡潔に書きなさい。

点UP

(6) ――線⑥「実に琴線にふれる、味わいに富んだ芸術なのだと思う」とありますが、筆者がこのように考える理由を、文章中の言葉を使って、簡潔に書きなさい。

る。消え際のよい花火は強烈な余韻を残し、開いている時の華やかさとの落差が、より鮮烈な印象とはかなさを見る者の心に焼きつける。花火師が丹精をこめて作った花火は、こうして夜空で咲き、消え去る時にようやく完結する芸術となるのだ。

　現在の花火大会では、一発のできばえはもちろんのこと、それを連続して打ち上げる時の組み合わせやリズムといった演出面も、観客を楽しませるという観点から重要となっている。さらに、追い求めてきた丸く開く花火だけでなく、その技術をもとに、さまざまな形やこれまでにない動きをする花火も生み出され続けている。

　こうして、熟練された花火師によって作られる日本の花火は、世界に誇ることのできる水準となっている。だが、⑤誰もがその仕組みや価値を確認するために、花火を見ているわけではないだろう。花火は、大きな音とともに華やかに夜空に咲き、その直後には跡形もなく消えてなくなってしまう。その印象が、心の中にのみ残るので、人々は何度も見たいと思うのだろう。その一瞬の成果の背後には、花火師たちの高い技術が隠されている。古来より、情緒、風情といった感覚をよく理解し、求める日本人にとって、華やかさとはかなさとを同時に味わえる花火は、⑥実に琴線にふれる、味わいに富んだ芸術なのだと思う。

小野里 公成「日本の花火の楽しみ」より

2 ――線のカタカナを漢字で書きなさい。

① ホクオウの国々を訪れる。
② 映画のミリョク。
③ 鉛筆のシンが折れる。
④ 部長にショウシンする。

1						2	
(1)	(2)	(3)	(4)	(5)	(6)	① ②	③ ④
10点	15点	5点	15点	15点	20点		各5点

成績評価の観点 思…思考・判断・表現

Step 1

水の山　富士山

15分

1 文章を読んで、問いに答えなさい。(図は省略)

▼㊍54ページ9行〜57ページ5行

富士山は標高が高いため、夏を除いて山頂が雪で覆われている。また、降り注ぐ雨と合わせた降水量は、年間二十二億トンにもなるといわれている。このうち五億トン以上の水が、山の麓(ふもと)から湧水(ゆうすい)となって流出していると見積もられており、広い山麓(さんろく)には、百を超(こ)す湧水が確認されている。富士山がもたらすこの水は、豊かな自然環境を育み、同時に、人々の生活や産業を支えてもいる。

ところで、①富士山自体には、その山腹に一筋も河川がない。実際に富士山に登ってみると、雪解け水や雨は流れをつくることなく、地面にしみ込んでしまう様子が見られる。富士山に降った大量の雨は、どこへ行ってしまったのだろうか。また、富士山からの水の恵みは、どのようにしてもたらされるのだろうか。

そこで、富士山の内部の構造について調べてみた。富士山を断面図にして見てみると、富士山は三つの火山が積み重なってできていることがわかる(図1)。約六十万年前に噴火してできた古い火山がいちばん下にある。これを、約十万年前に再噴火してできた火山が覆っている。この火山は三千メートルに達し、ほぼ現在の富士山の形状をなしている。さらに、一万年前から始まった噴火により、現在見られる富士山ができあがった。つまり、私たちが見ている富士山の下には、②古い時代の二つの火山が埋(う)もれているのである。

(1) ——線①「富士山自体には、その山腹に一筋も河川がない」とありますが、これはなぜですか。これを説明した次の文にあてはまる言葉を、文章中から二十五字で探し、初めと終わりの五字を答えなさい。

・河川のもとになる雪解け水や雨は、□から。

□□□□□〜□□□□□

(2) ——線②「古い時代の二つの火山が埋もれている」とありますが、いつの時代の火山ですか。文章中から六字と五字で抜き出しなさい。

□□□□□□

□□□□□

(3) ——線③「溶岩」とありますが、富士山の溶岩はどのような特質がありますか。文章中から二十二字で探し、初めと終わりの五字を答えなさい。

□□□□□〜□□□□□

溶岩には、冷えて固まる時にガスが抜けてできた、スポンジのような細かな穴がある。富士山の表面はこの冷えた溶岩に覆われているため、水は溶岩の穴を通って地中にしみ込んで地下水となっている。そのため、富士山の表面には河川がないのである。

加えて、富士山の溶岩は、国内の火山としては粘り気が少なく、遠くまで流れていくという特質をもつ。そのため、富士山は均整のとれた円錐形になり、広い裾野をもつことになった。そして、裾野では、地下水となって遠くまで流れてくる水を利用して、多くの人々が暮らすようになったのである。

続いて、このような構造になっている富士山の地下で、④水がどのように流れているかを調べることにした。約一万年前からの噴火で積み重なった溶岩流を、富士山麓の湧水と重ねてみる（図２）。すると、溶岩流の末端部に湧水があることがわかる。もしかしたら、溶岩流が、地下水の流れる道となっているのかもしれない。

そこで、実際に地下水の流れ方を調べてみた。白糸の滝や陣馬の滝では、約一万年前以降の新しい溶岩と、新しい溶岩流に押しつぶされて硬くなった十万年前の溶岩との間から湧き出した水が、滝となっている。⑤すなわち、地下水は古い地層にはしみ込まず、上にあるスポンジのような新しい地層との間を⑥流れていたのである(図３)。

丸井 敦尚「水の山 富士山」より

(4) ――線④「水がどのように流れているかを調べることにした」とありますが、この結果、筆者はどんな仮説を立てましたか。文章中から一文を抜き出し、初めの五字を答えなさい。

(5) ――線⑤「すなわち」と、同じはたらきをする言葉を次から一つ選び、記号で答えなさい。

ア だから　イ つまり　ウ けれども

(6) ――線⑥「流れていた」とありますが、どこを流れていたのですか。次の文の❶・❷にあてはまる言葉をそれぞれ文章中から抜き出しなさい。

・（ ❶ ）の溶岩と（ ❷ ）の溶岩の間。

 ❶（　　）

 ❷（　　）

ヒント

(1) 「そのため」という理由を表す接続詞に着目して、富士山に河川がない理由が書いてあるところを探そう。

(4) 直後の二文が調べた結果である。「もし」が付く仮説を表す言葉をみつけよう。

Step 2

水の山　富士山

20分

／100

目標 75点

1 文章を読んで、問いに答えなさい。(図は省略) 思

▼教 56ページ8行～58ページ16行

続いて、このような構造になっている富士山の地下で、水がどのように流れているかを調べることにした。約一万年前からの噴火で積み重なった溶岩流を、富士山麓の湧水と重ねてみる(図2)。すると、溶岩流の末端部に湧水があることがわかる。もしかしたら、溶岩流が、地下水の流れる道となっているのかもしれない。

そこで、①実際に地下水の流れ方を調べてみた。白糸の滝や陣馬の滝では、約一万年前以降の新しい溶岩と、新しい溶岩流に押しつぶされて硬くなった十万年前の溶岩との間から湧き出した水が、滝となっている。すなわち、地下水は古い地層にはしみ込まず、上にあるスポンジのような新しい地層との間を流れていたのである(図3)。

②この地下水が富士山につながっているかどうかを確認するため、山腹と湧水の間の裾野に広がる青木ヶ原樹海に入って調べてみた。樹海には、溶岩流が流れた跡にできる巨大な洞穴が数多く存在する。直径十メートル以上の洞穴が、長さにして五百メートル以上続くこともある。洞穴の中には、地下水が地層からしみ出ている場所もある。洞穴内の水は、千メートル以上の標高差を下ってきたことも、調査の結果からわかっている。すなわち、富士山はそれ自体が、時期の異なる二つの地層に挟まれた巨大な水脈であり、山頂や山腹にもたらされた降水は、溶岩流に沿って③四方八方へと流下していたの

(1) ——線①「実際に地下水の流れ方を調べてみた」とありますが、調べた結果、どのようなことがわかりましたか。文章中の言葉を使って書きなさい。

(2) ——線②「この地下水が富士山につながっているかどうかを確認する」とありますが、確認した結果、どういうことがいえますか。次から一つ選び、記号で答えなさい。

ア　地下水は富士山の山腹から裾野まで、青木ヶ原の樹海の洞穴を通してつながっていた。

イ　地下水は、富士山の山頂から山腹の青木ヶ原の樹海の洞穴まで流れ、そこで止まっていた。

ウ　地下水が富士山につながっているというよりも、富士山自体が山頂から裾野まで地下水を流す水脈となっていた。

(3) ——線③「四方八方へと流下していた」とありますが、このことを裏付ける事実を、この後の部分を用いて書きなさい。

(4) ——線④「このように」とありますが、どの段落から直前の段落までの内容をさしていますか。初めの段落の最初の五字を抜き出しなさい。(句読点も含む)

点UP

(5) 〰〰線「富士五湖のそばには……同じであった」とありますが、このことは何を示していますか。「富士山の降水が……こと。」という形にして書きなさい。

である。

　もう一度、富士山の地表の溶岩流（図２）を見てみよう。富士山の北側には、富士五湖と呼ばれる湖がある。その一つの本栖湖では、湖底に湧水が発見されており、洞穴の中の地下水と同じ水質であることがわかっている。すなわち、降水は地下水となって洞穴を通り、富士五湖に湧き出していたことになる。富士五湖のそばには忍野八海があり、ここの水質も洞穴内の水と同じであった。富士山の南側にも柿田川湧水や三島市の湧水群があり、それらの湧水の水質も富士山麓の地下水と同様、二十年以上の時間をかけて流下してきたことがわかってきた。さらに駿河湾の海水にも、富士山から来た水が含まれていることもわかっている。
　④このように、私たちは洞穴や湖、湧水という窓をとおして、富士山頂から山麓を下り、いずれは海洋へと流れる水の旅を追いかけることができた。初めに述べた降水量と湧水の湧出量の違いだが、降水量の半分ほどは蒸発し、五億トンほどは湧水となることから、その差は海底に湧き出していることになる。

丸井　敦尚「水の山　富士山」より

❷ ——線のカタカナを漢字で書きなさい。

❶ 山のフモトに一泊する。
❷ 気温は三十五度をコえた。
❸ バターをトかす。
❹ 紙ネンドで犬を作った。

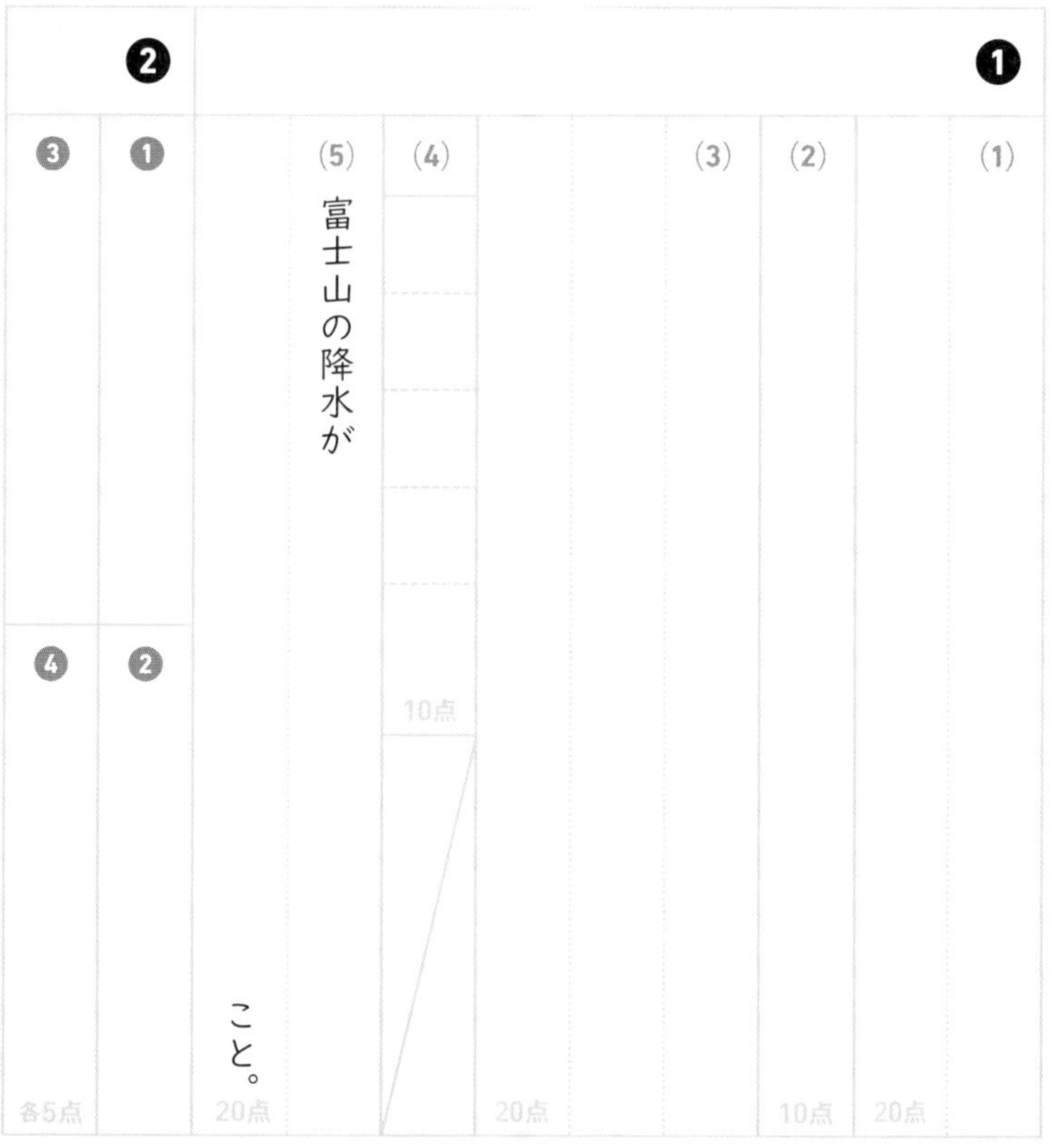

Step 2 言葉の小窓Ⅰ 敬語
（日本の花火の楽しみ〜言葉の小窓Ⅰ）

20分

/100
目標 75点

1 ――部の漢字の読み仮名を書きなさい。

1 欧米の文化。
2 魅力的な人。
3 鉛（えん）筆の芯。
4 論理が破綻する。
5 気温の上昇。
6 余韻が残る。
7 世界に誇る。
8 跡形もない。
9 琴線にふれる。
10 山の麓。
11 水が湧出する。
12 予想を超す。
13 火山の溶岩。
14 粘りがある。
15 巨大なビル。

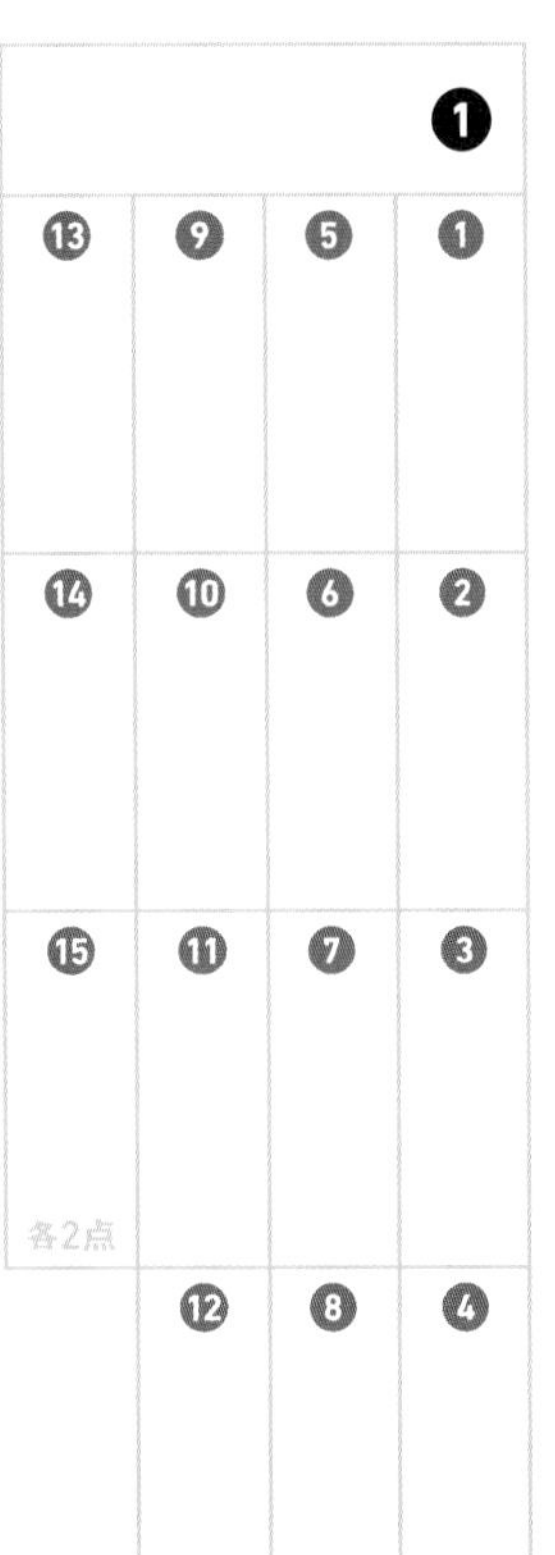

2 ――カタカナを漢字に直しなさい。

1 オウシュウの国。
2 ミリョク的な人。
3 シンが強い人。
4 顔がホコロびる。
5 太陽がノボる。
6 インブンを読む。
7 権力のコジ。
8 イセキを見学する。
9 コトの演奏。
10 サンロクに住む。
11 水がワく。
12 チョウ音波。
13 氷をトかす。
14 ネンドで工作する。
15 キョガクの財産。

2 1 2 3 4 5 6 7 8 9 10 11 12 13 14 15 各2点

3 次の文の――部の言葉を適切な敬語を使い、(　　)内の字数で平仮名で書き直しなさい。

1 この記事をぜひあなたに読んでもらいたいのです。(六字)

2 妹が家で待っていますので、失礼いたします。(四字)

3 ほんの少しですが、山川さんにやろうと思っています。(六字)

4 先生は、六時半頃こちらに来るそうです。(六字)

5 いいえ、私は知りません。(六字)

3	
1	
2	
3	
4	
5	

各4点

4 次の――線の言葉が、尊敬語ならAを、謙譲(けんじょう)語ならBを、美化語ならCを書きなさい。

1 お荷物は、こちらでお預りいたします。

2 どうぞご着席ください。

3 お風呂がわきましたよ。

4 ご説明をさせていただきます。

4	
1	
2	
3	
4	

各5点

テストに出る

尊敬語……動作の主体である人物を高めて言う言葉。

謙譲語……動作が向かう先などを高めて言う言葉。

丁寧(ていねい)語……改まった場面で相手に対し丁寧に述べる言葉。

美化語……物事を、上品に美しく言う言葉。

Step 1 夢を跳ぶ

15分

1 文章を読んで、問いに答えなさい。

▼教72ページ上8行〜73ページ下11行

二〇〇二年四月、私は右足膝下の切断手術を受けた。足首の骨に悪性の腫瘍ができていたのだ。病名は骨肉腫。十九歳で大学二年生の時だった。足の痛みが続くため病院に行ったところ、緊急入院となった。何が起きているのか理解できず、これからどうなるのかもわからないまま、運命に押し流されるようにして長い闘病生活が始まった。

①この病気になるまで、私は病気とは無縁の生活を送っていた。幼い頃から外で遊ぶのが好きな、活発な子どもだった。小学生の時はスイミングスクールの選手コースに通い、中学校では陸上部で長距離選手として活動し、高校ではマラソン大会で優勝するほど足が速かった。大学生になって憧れのチアリーダーになった。

病気がわかり、医師から手術が必要なことと、膝から下は残せないことを説明されて、②私はショックで声が出なかった。泣きそうになっている私の気持ちを察してか、そばにいた母が、

「娘は③子どもの頃からずっとスポーツをやってきて、足は命と同じくらい大事なんです。」

と私の心の叫びを代弁してくれた。

それに対して医師は、

「今は生活に支障がないほどのよい義足ができています。スポーツ

(1) ――線①「この病気」について、次の問いに答えなさい。

1 具体的にどのような病気ですか。文章中から三字で抜き出しなさい。

2 筆者がこの病気になったのは何歳の時ですか。次から一つ選び、記号で答えなさい。

ア 十九歳　イ 二十歳　ウ 二十一歳

(2) ――線②「私はショックで声が出なかった」とありますが、なぜ筆者はショックを受けたのですか。次から一つ選び、記号で答えなさい。

ア 何が起きているのか理解できずに、緊急入院したから。

イ 憧れのチアリーダーとしての活動ができなくなったから。

ウ 命と同じくらい大事な足を切断することがわかったから。

(3) ――線③「子どもの頃からずっとスポーツをやってきて」とありますが、筆者がどんなスポーツを行ってきたかがわかる連続

だって、またできるようになるでしょう。」

と説明してくれた。

恐怖と不安で真っ暗な中にいた私だったが、「スポーツができる。」という言葉に光を感じ、がんばって病気に立ち向かってみようと思えたのだった。


手術とそのあとの抗がん剤の苦しい治療が終わり、十か月ぶりにようやく大学のキャンパスに戻った時は、喜びがこみあげてきた。

ところが、友達の話題の中心は就職活動で、将来や未来へ向かう明るいものばかりだった。義足とウィッグを着けるようになった私は、一人取り残されたように感じた。④授業が終わればすぐにアパートに引き籠もるようになり、泣いてばかりいた。同時に、「このままでは本当にだめになる。何か⑤目標をもってここから脱出しなくてはいけない。でも何ができるのか。」と繰り返し考えていた。

そんな日々が一か月近くも続いた頃、スポーツだったら私は目標をもってがんばれるだろうと気がついた。すぐに、インターネットで障がい者のためのスポーツ施設を探し、プールに行くことにした。プールサイドで義足をはずして泳ぎ始めると、うまく水をキックできないし、バランスも上手にとれない。でも、少しずつではあったが、体が水に慣れていった。

谷 真海「夢を跳ぶ」より

する二文を文章中から探し、初めと終わりの五字を答えなさい。(句読点を含む。)

□□□□□ ～ □□□□□

(4) ――線④「授業が終われば……泣いてばかりいた」とありますが、なぜ筆者はこのような行動を取ったのですか。次から一つ選び、記号で答えなさい。
ア 義足とウィッグという自分の見た目がいやだったから。
イ 自分だけ未来が見えず、取り残されたように感じたから。
ウ 入院している間の勉強の遅れを取り戻せなかったから。
(　　)

(5) ――線⑤「目標」とありますが、その後、筆者は目標をもつためにどんなことに取り組みましたか。文章中から四字で抜き出しなさい。

□□□□

ヒント
(3) 筆者が小学生から大学生に至るまでどんなことをしていたかが述べられている部分を見つける。
(4) 大学の友達と筆者の状況が、対象的な状況に置かれていることから考える。

Step 2

夢を跳ぶ

20分

/100

目標 75点

❶ 文章を読んで、問いに答えなさい。思

▼教73ページ下12行〜75ページ上14行

ある日、義肢装具士のかたに誘われて陸上競技場に行き、①スポーツ義足で走るランナーを初めて目にした。軽やかに疾走する姿に刺激を受け、私も走ってみることにした。まずは日常生活用の義足で走る練習をし、走れるくらいまで体が戻ってきたところでスポーツ義足を着けるようになった。スポーツ義足でバランスをとるのは難しく、最初は転んでばかりだった。痛みもひどかった。

それでも走れることがうれしくて練習を続けた。走り幅跳びの選手として競技会に出場するようになり、記録が少しずつ伸びていった。記録に挑戦することが楽しくて、次は日本記録を狙いたい、そしてパラリンピックに出たいと、夢がどんどん膨らんでいった。

そして、ついに夢は実現し、二〇〇四年アテネ、二〇〇八年北京、二〇一二年ロンドンと、三大会連続でパラリンピックへの出場を果たした。また、二〇一三年には、日本記録とアジア記録を更新することができた。

②こうした私の体験を、小中学校に招かれて話す機会がある。病気や障がいのこと、夢をもつことの大切さなどをテーマに話している。

私の③講演のあと、子どもたちがそれぞれテーマを決めて福祉について学び始めた学校もある。グループ学習で、あるグループは義足

(1) ——線①「スポーツ義足」について、次の文の(　)に入る言葉を文章中からAは四字、Bは二字で抜き出しなさい。

・筆者にとってスポーツ義足は、はじめはうまく(　A　)をとることができず、(　B　)もひどかった。

(2) ——線②「こうした私の体験」にあてはまらないことを次から一つ選び、記号で答えなさい。

ア　スポーツ義足で走るランナーに刺激を受け、自分も義足で走るようになったこと。

イ　短距離走の選手として競技会に出場し、新たな記録への挑戦が楽しくなったこと。

ウ　走れることがうれしくて練習を続けた結果、日本記録とアジア記録を更新したこと。

点UP

(3) ——線③「講演」とありますが、筆者はそのほかに子どもたちとどのような活動をしていますか。文章中の言葉を用いて答えなさい。

(4) ——線④「子どもたちの……積極的になってきた」と同じ内容を表す部分を文章中から三十字以内で探し、初めと終わりの三字を抜き出しなさい。

(5) 筆者は学校での講演で、何について話していますか。「……について。」という形で二つ書きなさい。

(6) ——線⑤「この言葉」を文章中から抜き出しなさい。

に興味をもって義肢装具士の学校を見学し、またあるグループはバリアフリーをテーマに実際に町を歩き、他にも高齢者施設を訪問したグループやパラリンピックに興味をもったグループもあったそうだ。

「最初にスポーツという視点から『福祉』の授業に入ったことで、④子どもたちの福祉に対する関心や考え方が積極的になってきた。」と先生から聞き、うれしく思った。

子どもたちに障がい者のためのスポーツを体験してもらったこともある。工夫しだいで一緒にスポーツができることを感じてもらえるとうれしい。「障がい者」とか「福祉」などと、おおげさに考えるのではなく、一緒に接することで何かを感じ取ってもらえればいい。

子どもたちには、私の心の支えになっている言葉を伝えている。

「神様はその人に乗り越えられない試練は与えない。」

これは、病気の告知を受けて、「どうして私がこんなめに遭うのか。」と落ちこんでいた時に母が言った言葉だ。入院中もその後も、この言葉を思い出して「私ならきっと乗り越えられるから、この試練を与えられたんだ。」「これを乗り越えれば、きっと成長した自分に会えるんだ。」と思い、気持ちを前向きに切り替えてきた。⑤この言葉に何度も何度も救われたのだ。

谷 真海「夢を跳ぶ」より

2 ――線のカタカナを漢字で書きなさい。

❶ マスイを打つ。
❷ キンキュウの事態。
❸ アコガれの俳優。
❹ 動作をクり返す。

1		
(1)	A	B	各10点
(2)		5点
(3)		15点
(4)	〜	10点
(5)	について。 について。	15点
(6)		10点

2	
❶	❷
❸	❹
各5点	

成績評価の観点 思…思考・判断・表現

Step 2

20分

/100

目標 75点

言葉の小窓2　話し言葉と書き言葉

（夢を跳ぶ～言葉の小窓2）

1 ――部の漢字の読み仮名を書きなさい。

1 夜が怖い。
2 骨肉腫の治療。
3 胃潰瘍（かい）で入院する。
4 距離を取る。
5 判定に抗議する。
6 薬剤師になる。
7 迷路を脱出する。
8 施設を使う。
9 しなやかな肢体。
10 刺激を求める。
11 得点を狙う。
12 福祉を学ぶ。
13 困難を乗り越える。
14 ひどい目に遭う。
15 被害を受ける。

1 1 2 3 4 5 6 7 8 9 10 11 12 13 14 15（各2点）

2 ――カタカナを漢字に直しなさい。

1 マスイを打つ。
2 兄は十六サイだ。
3 キンキュウ事態。
4 ムエンの出来事。
5 プロにアコガれる。
6 ムスメをもつ。
7 チリョウを受ける。
8 元にモドる。
9 部屋に引きコもる。
10 失敗をクり返す。
11 全力シッソウをする。
12 チョウセンする
13 風船がフクらむ。
14 コウレイ者が多い。
15 ジシンに備える。

2 1 2 3 4 5 6 7 8 9 10 11 12 13 14 15（各2点）

3 次の文は、a話し言葉、b書き言葉のどちらの特徴を述べたものですか。記号で答えなさい。

1 表情や身振りに助けられて、相手の伝えたいことが理解できる。

2 その場ですぐに相手に質問したり、答えたりすることができる。

3 その場にいない人や大勢の人に一斉に伝えることができる。

4 相手の反応を確かめながら少しずつ用件を進めることができる。

5 伝える側も受け取る側も、時間的な余裕(よゆう)をもつことができる。

3	
1	
2	
3	
4	
5	
各2点	

4 次の文の——線部を書き言葉でよく使われるような二字熟語に直しなさい。

1 おばあちゃんが申しておりました。

2 きちんと相手にあやまるべきだよ。

3 おしゃべりが弾んで楽しかったね。

4	
1	
2	
3	
各5点	

5 次の文を友達に話す場合、——線部の言葉はどのような話し言葉に直すとよいですか。考えて書きなさい。

・①昨日(さくじつ)、祝賀会が催され、②来賓(らいひん)から③祝辞が述べられた。

テストに出る

話し言葉	音声を使って伝達する言葉で、基本的に、その場にいる少人数の聞き手に対して使われる。
書き言葉	文字を使って伝達する言葉で、書かれた物が残るため、多くの人やあとの時代の人に正確に伝えることができる。

Step 1

SNSから自由になるために

15分

❶ 文章を読んで、問いに答えなさい。

▼㊕85ページ上4行～85ページ下11行

①SNSは電話やメールのように一対一ではなく、一対多でやりとりされる。伝えることが目的というよりも、つながること自体が目的となる。「人とつながりたい」という社会的欲求や、「他人に認められたい」という承認欲求を満たしてくれる。と同時に、②他者と比較することで落ちこんだり、使い続けなければ仲間はずれにされたりする恐怖とも表裏一体である。

では、③トラブルを避けるためにはどうすればよいだろうか。

まずSNSは多くの人が見る公の場であることを常に意識することだ。気軽に書き込んだことでも炎上につながることや、友達との仲が壊れてしまうこと、

(1) ――線①「SNS」を人々はどのようなことを目的として使っていますか。文章中から六字で抜き出しなさい。

(2) ――線②「他者と比較することで落ちこんだり、使い続けなければ仲間はずれにされたりする恐怖」とありますが、これを筆者はどのような状態と述べていますか。文章中から十四字で抜き出しなさい。

(3) ――線③「トラブルを避けるためにはどうすればよいだろうか」とありますが、筆者が述べている心構えとして正しいものを、次からすべて選び、記号で答えなさい。

ア　SNSの中で味方になってくれる人を積極的に増やすこと。
イ　SNSの中での振る舞い方を意識しすぎないこと。
ウ　SNSでは、なるべく長い文章で伝えるようにすること。
エ　SNSをさまざまな人が利用する公の場として意識すること。

自分の人生を棒に振ってしまうことがある。誰かが不快に思う可能性があることは決して書かないことである。

また、SNS内の行為を気にしすぎないことである。つながっていることが友達という意味ではない。承認欲求に振り回され、④他人が期待する自分を演じ、他人から求められるとおりに返事をしないことである。

自由がうたわれているはずのSNS。しかし、SNSに振り回されている状態は不自由であり、自分の人生を生きられない。SNSはあくまでもリアルな世界を補完するコミュニケーションツールである。リアルな生活や人間関係が第一であり、それにマイナスになるようであれば利用すべきではない。自由な立場でSNSを利用するためにも、「どうやってうまくつき合っていくのか」を意識することが、大切なのではないだろうか。

高橋　暁子「SNSから自由になるために」より

(4)　――線④「他人が期待する自分を演じ」とありますが、人々はどのような思いからこのような行動を取るのですか。「……という思い。」に合うように文章中から九字で抜き出しなさい。

という思い。

(5)　筆者は、SNSを利用するときにはどんなことを大切にすべきだと考えていますか。次から一つ選び、記号で答えなさい。

ア　SNSとのつき合い方を意識すること。
イ　人に認められるための行動を考えること。
ウ　リアルな世界で自由にすごすこと。
エ　音声や動画を用いて伝わりやすくすること。

ヒント

(2)　設問の中にある「状態」という言葉をヒントに探そう。
(5)　最終段落で筆者が主張していることを読み取ろう。

SNSを使う時の注意点を読み取ろう。

Step 2

漢字の広場2　漢字の成り立ち

20分

／100

目標 75点

1 ――部の漢字の読み仮名を書きなさい。

1 果汁入り。
2 発汗作用の促進。
3 凹凸のある道。
4 禁錮刑になる。
5 津々浦々旅する。
6 円弧を描く。
7 中庸な精神。
8 篤学の士。
9 鋳型にはめる。
10 将来を嘱望される。
11 兼業を認める。
12 国会の召集。
13 隣人に会う。
14 長兄の部屋。
15 時間を割く。

1

1	5	9	13
2	6	10	14
3	7	11	15
4	8	12	

各2点

2 カタカナを漢字に直しなさい。

1 窓のワク。
2 株価のホウラク。
3 キュウダイ点
4 タケグシを使う。
5 ミサキの灯台。
6 家のキソ。
7 シッソウ者を探す。
8 小銭のチュウゾウ。
9 お気にメす。
10 カンジョウが高い。
11 トナリの席。
12 カサをさす。
13 ハクライヒン
14 植物のホウシ。
15 ホウガン投げ

2

1	5	9	13
2	6	10	14
3	7	11	15
4	8	12	

各2点

3 次の漢字の成り立ちにあてはまる漢字をあとから三つずつ選びなさい。

❶ 象形文字　❷ 指事文字　❸ 会意文字

❹ 形声文字　❺ 国字

盛	本	門	峠	林	魚	三	草	畑
手	岩	働	泳	下	男			

4 次の（　　）にあてはまる言葉を書きなさい。

漢字には、ある漢字の意味が転じて他の意味ができる（❶　　　）という用法と、その意味を表す漢字がないので同じ発音の漢字を借りた（❷　　　）という用法がある。

3 ❶ ❷ ❸ ❹ ❺ 各4点

4 ❶ ❷ 各5点

5 次の漢字の成り立ちをあとから一つずつ選び、記号で答えなさい。（同じ記号を何度使ってもよい。）

❶ 犬　❷ 上　❸ 鳴

❹ 洋　❺ 解

ア　象形文字　イ　指事文字

ウ　会意文字　エ　形声文字

5 ❶ ❷ ❸ ❹ ❺ 各2点

テストに出る

象形文字……ある物を簡略な図形にして作られた文字。

指事文字……形のない事物を、点や画を用いて表現した文字。

会意文字……すでにある文字を二つ以上組み合わせ、新しい意味を表した文字。

形声文字……意味を表す漢字や部分と、音を表す漢字や部分とを組み合わせて作られた文字。

Step 1

「ここにいる」を言う意味

15分

❶ 文章を読んで、問いに答えなさい。

▼教100ページ下18行〜101ページ下10行

「ここにいるよ」と声を上げることの難しさについて、わたくしのいっそう身近なところでも似たことが起きた。

数年前、LGBTの人々に対して支援するに値しないという発言をめぐって広く批判が起こった。わたくしも、LGBTの存在を覆い隠し続けることで、個々の人々と社会の多様な接点を希薄にさせ、文化や経済など、未来に向かう大きな活力となることをそがせてしまうのはもったいないと①反論した。その中で当事者の一人と告げたことが報道され、メディアで増幅し、元来そのことが主眼ではなかったが、性的少数者であることを公表することで、多くのことに気づく経験になった。

以前から知り合った人に加えて、インターネットを通じて②「ここにいる」と言えず、また言っても聞き入れてもらえないという人から③複数の声を寄せられた。

職場で同性パートナーのいることが言えず、だんだん居づらくなり転職を繰り返す人。長く連れ添った相手と一緒にローンを組みマンションを購入しようとしたが、他人同士ゆえ銀行に断られてしまった人。緊急入院で手術を受けようとしたが、パートナーが法的な家族でないために身元保証人にはなれないと言われて困った人。

(1) ——線①「反論した」とありますが、筆者はどのようなことに対して反論したのですか。次から一つ選び、記号で答えなさい。

ア 個人と社会の接点を希薄にさせてしまうような法制度。

イ LGBTの人々に対して支援するに値しないという発言。

ウ LGBTの存在を覆い隠し続けて、生きていく態度。

(2) ——線②「ここにいる」と言うことは、ここでは何を公表することですか。文章中から十字で抜き出しなさい。

(3) ——線③「複数の声を寄せられた」とありますが、これを読んだ筆者はどんな気持ちになりましたか。文章中から十一字で抜き出しなさい。

(4) ——線④「日本では……とても言えない側面がある」とありますが、これはなぜですか。次から一つ選び、記号で答えなさい。

ア 社会や人々にLGBTを、受け入れる体勢ができていないから。

中には切実な問題で、LGBTの人権を守る条例や法整備を待っていられないものもあり、読みながら展望が見えず暗い気持ちに陥った。

貧困同様、④日本では性的少数者を公表することに関して「勇気を出して」、とはとても言えない側面がある。言わなくてもいい社会に早くなればいいね、という人もいるが、その前にまず、現在「いる」を言うことの意味に、一人ひとりが思いを寄せることが大事ではないかなと、この頃考えるようになった。

ロバート キャンベル「『ここにいる』を言う意味」より

イ 一人ひとりの人間関係が希薄になっており、困っていると言えないから。

ウ 公表すると、メディアに取り上げられ、周囲に迷惑をかけてしまうから。

(5) この文章で、筆者が主張したいことは何ですか。次から一つ選び、記号で答えなさい。

ア 身近なところで「ここにいる」ということの難しさを実感したので、条例や法制度を変えていきたい。

イ 「ここにいる」と言った人がメディアに増幅して取り上げられることに納得がいかない。

ウ 困っている人が「ここにいる」と言うことの意味に、一人ひとりが思いを寄せることが大切だ。

ヒント

(3) 筆者にインターネットを通じて寄せられた声の中には「切実な問題」があり、それを読んだ筆者がどう思ったかを読み取ろう。

(5) 最終段落で筆者が大事だと考えていることを読み取り、選択肢を見るようにしよう。

Step 1

紙の建築

❶ 文章を読んで、問いに答えなさい。

▼㊝108ページ1行〜109ページ17行

一九九四年にアフリカのルワンダで二つの民族が武力衝突し、二百万人以上が難民になりました。日本でも連日、難民キャンプの悲惨な様子が報道されました。難民が毛布にくるまって震えている報道写真を見て、①私は衝撃を受けました。国連難民高等弁務官事務所（UNHCR）が設営した難民キャンプでは、シェルター用のプラスチックシートを支給しましたが、難民がテントを張るための支柱に使う木を周囲の森林から伐採したため、甚大な環境破壊も起きていました。

私は東京にあるUNHCRの事務所に行き、支柱に紙管を使うシェルターを提案したところ、ジュネーブにあるUNHCRの本部に直接連絡をとることを勧められました。すぐに本部に手紙を送ったのですが、一か月たっても返事が来ません。これ以上は待っていられないと、私はジュネーブまで直接担当者に会いに行きました。②この提案は採用され、「紙の難民用シェルター」の開発が始まりました。それは建築家としてのボランティア活動の始まりでもありました。

一九九五年一月、阪神・淡路大震災が起きました。地震で建物が倒壊し、さらに広く火災に見舞われ、六千五百人近いかたが亡くなりました。建築物によって多くの人命が失われたことに、建築家と

(1) ——線①「私は衝撃を受けました」とありますが、その後、筆者は何をしましたか。あてはまらないものを次から一つ選び、記号で答えなさい。

ア 「紙の難民用シェルター」を開発した。
イ ルワンダに行き、支援活動を行った。
ウ 東京のUNHCRの事務所に行った。
エ ジュネーブにあるUNHCRの本部に行った。

(2) ——線②「この提案」とは何ですか。文章中から十三字で探し、初めの五字を抜き出しなさい。

(3) ——線③「何かできることはないか」とありますが、その後、筆者は何を造りましたか。四字で二つ抜き出しなさい。

(4) ——線④「彼ら」とはどのような人々のことですか。次の文の□にあてはまる言葉を文章中から三字で抜き出しなさい。

15分

して責任を感じずにはいられません。③何かできることはないかと、一月末、被災地へ行きました。神戸市の全壊したカトリック教会の跡地に被災者が集まっているのを見た私は、ルワンダでの経験を生かして人々の役に立てないかと考え、紙管で教会を建てることを神父に提案しました。

　すると、こう言われました。

「街がこのようになってしまった今、周囲が復興するまで再建するつもりはない。」

　神父は当初、被災者が公園で粗末なテント生活をしている中、教会だけが立派な建物を建てることなどできないという思いでした。そこで資金を集め、まず④彼らのために紙管で仮設住宅を造りました。この活動をとおして人々の信頼を得られ、ボランティアの力を借りて、初めに紹介した「紙の教会」を建てることができました。

　さらにその時、被災者から、避難所でプライバシーの確保に苦労していることを聞き、避難所にプライバシーはなくてはならないという確信をもちました。そこで次は、⑤紙管の間仕切りを開発しました。紙管を組み立てて布を掛けるだけの、一つが二メートル四方という実に簡素な住まいですが、プライバシーを確保することができます。その後、新潟県中越地震や福岡県西方沖地震の被災地での設営を経て、手軽に安く組み立てられる仕組みにしたり、家族の人数に応じて広さを変えられるようにしたりするなど、被災者の生活環境がよくなるよう、⑥改良を重ねていきました。

坂茂「紙の建築」より

・公園でテント生活を強いられている□。

(5) ――線⑤「紙管の間仕切り」とありますが、なぜ筆者はこれを開発したのですか。次から一つ選び、記号で答えなさい。

ア　地震に対して強度のある避難所にするため。
イ　木材などを使わないことで環境破壊を防ぐため。
ウ　避難所でのプライバシーを確保するため。

(6) ――線⑥「改良」とありますが、具体的にどのような改良をしたのですか。文章中から二つ抜き出しなさい。

ヒント

(3) 筆者が提案したものと、それを造るために造らなければならなかったものがある。

(6) 筆者が災害のたびに、「紙管の間仕切り」の機能を改良していったことを読み取る。

筆者が体験した事例の内容を理解しよう。

Step 2

紙の建築

20分

／100

目標 75点

1 文章を読んで、問いに答えなさい。思

▼教110ページ15行〜112ページ3行

課題(①)もありました。東日本大震災では、避難所を訪ね歩き、管理者を説得するのにあまりにも時間がかかってしまいました。そこで、平常時にいろいろな自治体の防災の日にデモンストレーションを行い、理解を得られるようにしたのです。そのかいがあって、いくつかの自治体と私の携わるボランタリー・アーキテクツ・ネットワーク(VAN)が防災協定を結び、迅速に提供できるようになりました。公式な避難所の設備として、もし災害があって必要になったら、役所がVANに発注し、材料費は役所が出し、施工は私たちがするという協定です。

二〇一六年四月に熊本地震(②)が起きました。余震で建物が倒壊する(③)のを恐れて、避難所や車の中で泊まる避難者のエコノミークラス症候群の危険性が指摘されていました。すでに大分県と防災協定を結んでいたことから、大分県から

1 (1) ——線①「課題」について、次の問いに答えなさい。

① どのような「課題」ですか。次から一つ選び、記号で答えなさい。

ア 避難所を尋ねるのに時間がかかってしまったこと。

イ 間仕切りを設営するのに手間取ってしまったこと。

ウ 避難所の管理者になかなか理解を得られなかったこと。

2 筆者はその課題をどのように解決しましたか。次の文の(　)に入る言葉を文章中からAは十字、Bは四字で抜き出しなさい。

・(　A　)により自治体の理解を得て、(　B　)を結んだこと。

(2) ——線②「熊本地震」では、間仕切りをどのように提供しましたか。文章中の言葉を用いて答えなさい。

(3) ——線③「建物が倒壊する」とありますが、筆者はこれをどのような災害と述べていますか。文章中から六字で抜き出しなさい。

(4) ——線④「建築家はどうしたら社会に貢献できるかと考えてきました」とありますが、筆者はどうすることで貢献できると考えていますか。文章中から十七字で探し、初めの五字を抜き出しなさい。

点UP

(5) 筆者が「建築家」としてもっている信念を、文章中の言葉を用いて答えなさい。

の支援（しえん）ということで熊本県内の避難所に間仕切りを提供することが決まりました。行政の協力が得られたので普及が非常に早く、一か月半で三十七か所に設置することができました。

私は、常々、④建築家はどうしたら社会に貢献（こうけん）できるかと考えてきました。地震では、人が直接的に被害をこうむるわけでなく、建物が崩れたために、けがをしたり、亡くなったりしています。それは自然災害ではなく、人為（じんい）的な災害です。街の復興のためのプロジェクトでは建築家が必要とされますが、その前に、避難所や仮設住宅という生活環境の悪いところを改善することも、建築家のすべき仕事だと考えます。

大きな建物を設計するのも、仮設住宅を設計するのも、避難所用の間仕切りを作るのも、使う人から居心地がいいと喜んでもらえれば、どれも私にとって同じくらいの喜びがあります。住環境を改善するのが建築家としての使命と考え、その信念のもとに活動を続けています。

坂 茂「紙の建築」より

❷ ――線のカタカナを漢字で書きなさい。

❶ 寒さにタえる。
❷ ハンシン地方
❸ 森林をバッサイする。
❹ ヒナン訓練

❶ (1) ❶	❶ (1) ❷ A	❶ (1) ❷ B	❶ (2)	❶ (3)	❶ (4)	❶ (5)	❷ ❶	❷ ❷	❷ ❸	❷ ❹
10点	各10点		15点	10点	10点	15点	各5点			

Step 2

文法の小窓2　活用のある自立語

（「ここにいる」を言う意味〜文法の小窓2）

20分

／100

目標 75点

❶ ――部の漢字の読み仮名を書きなさい。

1 傲慢な発言。
2 公債を発行する。
3 新たな俊英。
4 仙人と呼ばれる。
5 僧院に行く。
6 俸給が高い。
7 如才なく答える。
8 源氏の嫡流。
9 帳簿をつける。
10 完璧にする。
11 稽古を行う。
12 誓約書を読む。
13 瀬戸際（ぎわ）に立つ。
14 浴槽を洗う。
15 財閥の会社。

❶

1	5	9	13
2	6	10	14
3	7	11	15
4	8	12	

各2点

❷ カタカナを漢字に直しなさい。

1 ジンソクに動く。
2 シテキを受ける。
3 カブキを見る。
4 タダし書きを残す。
5 テイサツが来る。
6 住所をヘイキする。
7 ハンリョを得る。
8 リンリ観を問う。
9 コンイン届を出す。
10 シット深い人。
11 社長レイジョウ
12 きれいなハナヨメ。
13 カントクに従う。
14 レイキャクする
15 リョウカイする

❷

1	5	9	13
2	6	10	14
3	7	11	15
4	8	12	

各2点

❸ 次の動詞の活用の種類をあとから一つずつ選び、記号で答えなさい。

❶ 吹く　❷ 落ちる　❸ 見つける
❹ 研究する　❺ 来る

ア 五段活用　イ 上一段活用　ウ 下一段活用
エ カ行変格活用　オ サ行変格活用

❹ 次の中から、❶形容詞、❷形容動詞をそれぞれ二つずつ選び、記号で答えなさい。

ア 苦しみ　イ 危ない　ウ 真面目だ　エ 暑さ
オ 学生だ　カ 奇妙だ　キ 美しい　ク 少し

❹	
❶	
❷	完答各7点

❺ (1)次の文の——線部の活用形を書きなさい。(2)‖線部のうち、補助用言を一つ選び、記号で答えなさい。

❶ 冷たい水が欲しい（ア）。　❷ 必要ならば、買ってお（イ）く。
❸ うるさくほえる犬がい（ウ）る。

❺	
(1) ❶	
❷	
❸	
(2)	各4点

テストに出る

・用言が、あとにつく言葉により形を変えることを活用といい、その変化した形を活用形という。
・動詞の活用形は、未然形、連用形、終止形、連体形、仮定形、命令形の六つである。
・動詞は活用の仕方によって五つの種類に分けられる。「話す」のような五段活用、「見る」のような上一段活用、「建てる」のような下一段活用、「来る」のカ行変格活用、「する」（「〜する」）のサ行変格活用である。
・形容詞、形容動詞の活用の仕方は、それぞれ一つしかない。また、活用形は、動詞と異なり、命令形はない。

Step 1

敦盛の最期──平家物語──

15分

1 文章を読んで、問いに答えなさい。

汀にうち上がらんとするところに、おし並べてむずと組んでどうど落ち、とつて押さへて首をかかんと甲をおしあふのけて見ければ、年十六七ばかりなるが、薄化粧して、かねぐろなり。わが子の小次郎がⒶよはひほどにて、容顔まことに美麗なりければ、いづくに刀を立つべしともおぼえず。

「そもそもいかなる人にてましまし候ふぞ。名のらせたまへ。助けまゐらせん。」

と申せば、

「なんぢは誰そ。」

と問ひたまふ。

「物その者で候はねども、武蔵の国の住人、熊谷次郎直実。」

と名のり申す。

「さては、なんぢにあうては名の

▼㊎124ページ11行〜128ページ4行

(1) ══線Ⓐ「よはひ」、══線Ⓓ「いとほしくて」を現代仮名遣いに直し、全て平仮名で書きなさい。

Ⓐ（　　）　Ⓓ（　　）

(2) ══線Ⓑ「め」に対する係りの助詞を、══線Ⓒ「ぞ」の係りの助詞に対する結びの語を、それぞれ二字で文章中から抜き出しなさい。

Ⓑ□□　Ⓒ□□

(3) ──線①「のたまひける」の主語を次から一つ選び、記号で答えなさい。

ア 熊谷　イ 小次郎　ウ 大将軍（若武者）

（　　）

(4) ──線②「あつぱれ、大将軍や」とありますが、直実がこのように思ったのはなぜですか。次から一つ選び、記号で答えなさ

るまじいぞ。なんぢがためにはよい敵ぞ。名のらずとも首をとつて人に問へ。見知らうずるぞ。」

とぞ①のたまひける。

熊谷、「②あつぱれ、大将軍や。この人一人討ちたてまつたりとも、負くべきいくさに勝つべきやうもなし。また討ちたてまつらずとも、勝つべきいくさに負くることもよもあらじ。小次郎が薄手負うたるをだに、直実は心苦しうこそ思ふに、この殿の父、討たれぬと聞いて、いかばかりか嘆きたまはんずらん。③あはれ助けたてまつらばや。」と思ひて、後ろをきつと見ければ、土肥、梶原五十騎ばかりで続いたり。熊谷涙をおさへて申しけるは、

「助けまゐらせんとは存じ候へども、味方の軍兵、雲霞のごとく候ふ。よも逃れさせたまはじ。人手にかけまゐらせんより、同じくは、直実が手にかけまゐらせて、後の御孝養をこそつかまつり候はめⒷ。」

と申しければ、

「ただとくとく首をとれ。」

とぞⒸのたまひける。

熊谷あまりにⒹいとほしくて、いづくに刀を立つべしともおぼえず、目もくれ心も消えはてて、前後不覚におぼえけれども、さてしもあるべきことならねば、泣く泣く首をぞかいてんげる。

「敦盛の最期——平家物語——」より

い。

ア　美しい顔立ちからは予測できない大胆な若武者のふるまいを目にしたから。

イ　若武者といえども、大将軍らしい潔さと誇り高い態度が見られたから。

ウ　年長者である直実を敬う若武者の礼儀正しい言葉遣いが洗練されていたから。

(5)　——線③「あはれ助けたてまつらばや」とありますが、直実がこのように思ったのはなぜか。あてはまらないものを次から一つ選び、記号で答えなさい。

ア　自分の息子の年齢と同じくらいの若者だったから。

イ　殺したところで、自分の手柄にはならないから。

ウ　若武者が死んだら、父が嘆き悲しむと思ったから。

エ　薄化粧とおはぐろをした、美しい容姿の若者だったから。

オ　殺しても殺さなくても、勝敗に影響はないから。

ヒント

(4)　——線②の前の大将軍（若武者）の言葉に着目する。

(5)　——線③を含む直実の発言に直実の考えの過程が示されていることをおさえる。

Step 2

敦盛の最期 ――平家物語――

20分

/100

目標 75点

1 文章を読んで、問いに答えなさい。思

▼教126ページ1行～129ページ4行

熊谷、「あつぱれ、大将軍や。この人一人討ちたてまつたりとも、負くべきいくさに勝つべきやうもなし。また討ちたてまつらずとも、勝つべきいくさに負くることもよもあらじ。小次郎が薄手負うたるをだに、直実は心苦しうこそ思ふに、①この殿の父、討たれぬと聞いて、いかばかりか嘆きたまはんずらん。あはれ助けたてまつらばや。」と思ひて、後ろをきつと見ければ、土肥、梶原五十騎ばかりで続いたり。熊谷涙をおさへて申しけるは、

「助けまゐらせんとは存じ候へども、②味方の軍兵、雲霞のごとく候ふ。よも逃れさせたまはじ。人手にかけまゐらせんより、同じくは、直実が手にかけまゐらせて、後の御孝養をこそつかまつり候はめ。」

と申しければ、

「ただとくとく首をとれ。」

とぞのたまひける。

熊谷あまりにいとほしくて、いづくに刀を立つべしともおぼえず、目もくれ心も消えはてて、前後不覚におぼえけれども、さてしもあるべきことならねば、③泣く泣く首をぞかいてんげる。

「あはれ、④弓矢とる身ほど口惜しかりけるものはなし。武芸の家に生まれずは、何とてかかる憂きめをばみるべき。情けなうも討ちたてまつるものかな。」

(1) ――線①「この殿の父、討たれぬと聞いて」の意味として正しいものを次から一つ選び、記号で答えなさい。

ア この若武者の父が討たれたと、若武者が聞いて
イ この若武者の父が、若武者が討たれたと聞いて
ウ 小次郎の父は討たれてはいないと、熊谷が聞いて
エ この若武者の父が、熊谷は討たれないと聞いて

(2) ――線②「味方の軍兵、雲霞のごとく候ふ」とありますが、具体的に何をさしていますか。文章中から十六字で探し、初めの五字を抜き出しなさい。(句読点も字数に含む。)

(3) ――線③「泣く泣く」とありますが、ここには熊谷の若武者に対するどのような気持ちが表れていますか。文章中から十字で抜き出しなさい。

(4) ――線④「弓矢とる身ほど……みるべき」とありますが、これはどのような気持ちを表していますか。「武士」という言葉を使って、書きなさい。

(5) 点UP ――線⑤「当時味方に……よもあらじ」とありますが、どのような気持ちを表していますか。現代語で簡潔に書きなさい。

(6) 点UP 直実は、なぜ仏門に入り僧になろうと思ったのですか。現代語で簡潔に書きなさい。

とかきくどき、袖を顔に押しあててさめざめとぞ泣きゐたる。やや久しうあつて、さてもあるべきならねば、鎧直垂をとつて、首を包まんとしけるに、錦の袋に入れたる笛をぞ、腰にさされたる。「あないとほし、この暁、城の内にて管絃したまひつるは、この人々にておはしけり。⑤当時味方に、東国の勢何万騎かあるらめども、いくさの陣へ笛持つ人はよもあらじ。上臈は、なほもやさしかりけり。」とて、九郎御曹司の見参に入れたりければ、これを見る人、涙を流さずといふことなし。

後に聞けば、修理大夫経盛の子息に大夫敦盛とて、生年十七にぞなられける。それよりしてこそ熊谷が発心の思ひはすすみけれ。

「敦盛の最期――平家物語――」より

❷ ――線のカタカナを漢字で書きなさい。

❶ ニチボツの時刻を調べる。
❷ 体のオトロえを感じる。
❸ ゼツメツした生き物。
❹ 薄くケショウをする。

❶ (1)	(2)	(3)	(4)	(5)	(6)	❷ ❶	❷	❸	❹
10点	10点	10点	15点	15点	20点	各5点			

Step 1

随筆の味わい――枕草子・徒然草――

15分

❶ 文章を読んで、問いに答えなさい。

▼教132ページ8行～133ページ14行

春はあけぼの。やうやう白くなりゆく山ぎは、すこしあかりて、紫だちたる雲の細くたなびきたる。

夏は夜。月の頃はさらなり、闇もなほ、蛍の多く飛びちがひたる。また、ただ一つ二つなど、ほのかにうち光りて行くもをかし。雨など降るもをかし。

秋は夕暮れ。夕日のさして山の端いと近うなりたるに、烏の寝どころへ行くとて、三つ四つ、二つ三つなど飛び急ぐさへあはれなり。まいて雁などのつらねたるが、いと小さく見ゆるは、いとをかし。日入りはてて、風の音、虫の音など、はたいふべきにあらず。

冬はつとめて。雪の降りたるはいふべきにもあらず、霜のいと白きも、またさらでもいと寒きに、火など急ぎおこして、炭持て渡るも、いとつきづきし。昼になりて、ぬるくゆるびもていけば、火桶の火も、白き灰がちになりてわろし。

（第一段）

「随筆の味わい――枕草子・徒然草――」より

(1) ――線①「たなびきたる」のあとに省略されている言葉を「夏は夜。」の段落の中から三字で抜き出しなさい。

(2) ――線②「うち光りて行く」ものは何か。一語で抜き出しなさい。

(3) ――線③「いふべきにあらず」の意味を次から一つ選び、記号で答えなさい。

ア わざわざ言うほどのものでもない。
イ 言いようもないほど趣がある。
ウ 口に出して言ってはいけない。

(4) ――線④「白き灰がちになりてわろし」とありますが、何の様子ですか。四字で抜き出しなさい。

❷ 文章を読んで、問いに答えなさい。

▼㊎136ページ1行〜11行

仁和寺にある法師、年寄るまで石清水を拝まざりければ、心憂く覚えて、ある時思ひ立ちて、ただ一人かちより詣でけり。極楽寺・高良などを拝みて、①かばかりと心得て帰りにけり。

さて、かたへの人にあひて、「年ごろ思ひつること、果たしはべりぬ。聞きしにも過ぎて、尊くこそおはしけれ。そも、参りたる人ごとに山へ登りしは、②なにごとかありけん、ゆかしかりしかど、神へ参るこそ本意なれと思ひて、山までは見ず。」とぞ言ひける。

少しのことにも、先達はあらまほしきことなり。（第五二段）

「随筆の味わい――枕草子・徒然草――」より

(1) ――線①「かばかりと心得て」とは、どういうことを表していますか。次から一つ選び、記号で答えなさい。

ア 極楽寺・高良はすばらしいと感動して
イ 石清水八幡宮は極楽寺・高良で全部だと思って
ウ 石清水八幡宮は案外たいしたことはないと思って

（　　）

(2) ――線②「なにごとかありけん」の意味を次から一つ選び、記号で答えなさい。

ア 何か用事があったのでしょう。
イ いったいなんということでしょう。
ウ なにごとがあったのでしょうか。

（　　）

(3) 筆者の考えが述べられている一文を文章中から探し、初めの五字を抜き出しなさい。

□□□□□

ヒント

❶(3) この段落も「をかし」と思うものについて述べている。
❷(3) 最後の部分に着目する。

「枕草子」では筆者の考えを、「徒然草」では文章中の出来事を読み取ろう。

Step 1

二千五百年前からのメッセージ——孔子の言葉——

15分

❶ 文章を読んで、問いに答えなさい。

▼教142ページ7行～144ページ9行

A

子曰はく、「学びて時に之を習ふ、亦説ばしからずや。朋有り遠方より来たる、亦楽しからずや。人知らずして慍らず、亦君子ならずや。」と。

子曰、「学而時習之、不亦説乎。有朋自遠方来、不亦楽乎。人不知而不慍、不亦君子乎。」（学而）

B

子曰はく、「己の欲せざる所、人に施すこと勿かれ。」と。

子曰、「己所不欲、勿施於人。」（顔淵）

C

子曰はく、「之を知るを之を知ると為し、知らざるを知らずと為す。是れ知るなり。」と。

（1）——線①の意味を次から一つ選び、記号で答えなさい。

ア　友人が遠くを旅している、なんと楽しいことではないか。
イ　友人が遠くから訪ねてくる、なんと楽しいことではないか。
ウ　遠くに友人をもつことは、実に楽しいことではないか。

（2）——線②「君子」とは、どのような人物のことですか。次から一つ選び、記号で答えなさい。

ア　気位が高い人。　イ　身分の高い人。
ウ　徳が高い人。　エ　裕福な人。

（3）Bの文について、次の問いに答えなさい。

❶ ——線③「己の欲せざる所」とはどういう意味ですか。次から一つ選び、記号で答えなさい。

ア　自分が欲しいと思うもの。
イ　自分がなりたいと願う人。
ウ　自分がされたくないこと。

❷ ——線③「己の欲せざる所」について、孔子はどのように言っ

子曰、「知之為知之、不知為不知。是知也。」（為政）

「二千五百年前からのメッセージ――孔子の言葉――」より

ていますか。次から一つ選び、記号で答えなさい。

ア　人にしてはいけない。
イ　人にしてもらうものだ。
ウ　人にしていくべきだ。

（　　）

(4) ――線④「不知為不知」の意味として適切なものを次から一つ選び、記号で答えなさい。

ア　知らないことを知っていると言う。
イ　知らないことを知らないとする。
ウ　知るために知らないふりをする。

（　　）

(5) 「而」や「於」のように、漢文の中で日本語として読まない文字のことを何と言いますか。三字で答えなさい。

ヒント

(3) ❶「己の欲せざる所」の「欲せざる所」は、「されたくないこと」「求めないこと」などの意。

(4) この文は「知るということ」がどんなことかを述べている。

漢文のルールを確認しながら読み取ろう。

Step 1

坊っちゃん

15分

1 文章を読んで、問いに答えなさい。

▼教148ページ上17行～150ページ上4行

　母が病気で死ぬ二、三日前、台所で宙返りをして、へっついの角であばら骨を打って大いに痛かった。母がたいそう怒って、おまえのような者の顔は見たくないと言うから、親類へ泊まりに行っていた。すると、とうとう死んだという知らせが来た。そう早く死ぬとは思わなかった。そんな大病なら、もう少しおとなしくすればよかったと思って帰ってきた。そうしたら①例の兄が、俺を親不孝だ、俺のために、おっかさんが早く死んだんだと言った。②くやしかったから、兄の横っつらを張って大変叱られた。

　母が死んでからは、おやじと兄と三人で暮らしていた。おやじはなんにもせぬ男で、人の顔さえ見れば、きさまはだめだだめだと口癖のように言っていた。何がだめなんだか今にわからない。妙なおやじがあったもんだ。兄は、実業家になるとか言って、しきりに英語を勉強していた。元来、はっきりしない性分で、ずるいから、仲がよくなかった。十日に一ぺんぐらいの割でけんかをしていた。ある時将棋をさしたら、ひきょうな待ち駒をして、人が困るとうれしそうに冷やかした。あんまり腹が立ったから、手にあった飛車を眉間へたたきつけてやった。眉間が割れて、少々血が出た。兄がおやじに言いつけた。おやじが俺を勘当すると言いだした。

　その時はもうしかたがないと観念して、先方の言うとおり勘当さ

(1) ——線①「例の兄」とありますが、この兄についての説明としてあてはまるものを次から一つ選び、記号で答えなさい。

ア 「俺」の顔を見るたびに、きさまはだめだと言う。
イ 物事に対する態度がはっきりしている。
ウ ずるくて、ひきょうなことをする。

(　)

(2) ——線②「くやしかった」とありますが、なぜですか。あてはまるものを次から一つ選び、記号で答えなさい。

ア こんなに早く死ぬとは思わないから親類の家に泊まりに行っていたのに、親不孝だと責められたから。
イ 母の死を知り、もう少しおとなしくすればよかったと反省している時に、母の死を「俺」のせいにされたから。
ウ 母が大病だとは知らずにいたのに、一方的に親不孝だと言われ、言い返すことができなかったから。

(　)

(3) ——線③「清という女に気の毒であった」とありますが、なぜですか。次の文の(　)にあてはまる言葉を文章中から十二字で抜き出しなさい。

・「俺」のために(　　　　)くれたから。

れるつもりでいたら、十年来召し使っている清という女が、泣きながらおやじに謝って、ようやくおやじの怒りが解けた。それにもかかわらず、あまりおやじを怖いとは思わなかった。かえって、この③清という女に気の毒であった。この女は、もと由緒のある者だったそうだが、瓦解の時に零落して、つい奉公までするようになったのだと聞いている。だから、ばあさんである。このばあさんが、どういう因縁か、俺を非常にかわいがってくれた。④不思議なものである。⑤母も死ぬ三日前にあいそをつかした――おやじも年じゅうもてあましている――町内では乱暴者の悪太郎とつまはじきをする――この俺を、むやみに珍重してくれた。俺はとうてい人に好かれるたちでないと諦めていたから、他人から木の端のように取り扱われるのはなんとも思わない、かえってこの清のようにちやほやしてくれるのを不審に考えた。清はときどき、台所で人のいないときに、「あなたは、まっすぐでよいご気性だ。」と褒めることがときどきあった。しかし、俺には清の言う意味がわからなかった。いい気性なら、清以外の者も、もう少しよくしてくれるだろうと思った。清がこんなことを言うたびに、俺はお世辞は嫌いだと答えるのが常であった。するとばあさんは、それだからいいご気性ですと言っては、うれしそうに俺の顔を眺めている。自分の力で俺を製造して誇ってるように見える。少々気味が悪かった。

夏目 漱石「坊っちゃん」〈『漱石全集 第二巻』〉より

(4) ――線④「不思議なものである」とありますが、どんなことを「不思議」に思ったのですか。次から一つ選び、記号で答えなさい。

ア 「俺」を清だけが珍重してくれたこと。
イ 「俺」が他人や両親から嫌われていること。
ウ 清の家が瓦解の時に零落してしまったこと。

(5) ――線⑤「母も死ぬ三日前にあいそをつかした」とありますが、「あいそをつかした」ことがわかる母の言葉を文章中から抜き出しなさい。

ヒント

(4) 「清」の「俺」に対する態度を「不思議」に思っていることを読み取る。

(5) 会話文ではないが、「と言う」という表現に着目して会話文を探す。

Step 1 短歌の味わい

15分

❶ 短歌と観賞文を読んで、問いに答えなさい。

▼教165ページ5行～166ページ12行

【A】

早春のレモンに深くナイフ立つるをとめよ素晴らしき人生を得よ　葛原妙子

紅茶でも飲もうとしているのだろうか。少女がレモンにナイフを突き立てている。そんな彼女に向かって、作者は心の奥で呼びかけ、また祈っている。「素晴らしき人生を得よ」と。同性の年長者として、その願いが簡単には成就しないことを知っているのだ。「早春」の季節はたちまち過ぎて夏へと時は移りゆく。少女は大人の女性となり、伴侶のため、子どものため、家族のために果物を切り分ける日が来るだろう。林檎や梨の皮をできるだけ薄く剝き、自分は芯の周りを食べるかもしれない。「お母さんはいいのよ。」と優しくほほえみながら。だが、本当にそれでいいのか、という思いがここには滲んでいる。愛する家族の、立派な社会の、偉大な国家の、どんなもののためであっても、あなたはあなたの人生を無条件に捧げてはいけない。少女よ、自らの手で人生を切り開くために心のナイフを決して手放さないで、と。

❶ (1) 【A】の短歌について、次の問いに答えなさい。

「早春」が過ぎると少女はどうなりますか。次から一つ選び、記号で答えなさい。

ア 若い少女の時期　イ 大人の女性の時期

ウ 母親の時期　エ 年老いた女性の時期

（　　）

❷ 「素晴らしき人生を得よ」と作者が祈っているのはなぜですか。次の文の□にあてはまる言葉を、鑑賞文中から九字で抜き出しなさい。

・少女が素晴らしい人生を得るという願いが□ことを知っているから。

□□□□□□□□□

❸ 「素晴らしき人生を得よ」にはどのような願いが込められていますか。「……という願い。」に続くように、観賞文の中から十二字で抜き出しなさい。

□□□□□□□□□□□□という願い。

【B】

観覧車回れよ回れ想ひ出は君には一日我には一生

栗木京子

乗客は入れ替わっても、観覧車は同じ場所でいつまでも回り続けている。その中には無数の人々の思い出が眠っている。「回れよ回れ」という呼びかけは、過ぎ去った時を甦らせる呪文なのかもしれない。あの日、観覧車のゴンドラの中で向かい合っていたあなたと私。二人だけで地上を離れて、ゆっくりと天に昇っていった。けれども、その時間は永遠ではない。やがて観覧車は地上に戻り、二人は束の間の夢から覚めて、それぞれの人生を歩み出す。あなたにとってそれはたった一日のできごとに過ぎないだろう。けれども、私の胸には一生の思い出として刻まれている。「一日」を「ひとひ」、「一生」を「ひとよ」と読ませることで、「君には一日我には一生」が鮮やかな対句表現になっている。繰り返しのリズムの中に描かれた二つの時間の対比が切ない。

穂村弘「短歌の味わい」より

(2) 【B】の短歌について、次の問いに答えなさい。

❶ この短歌で使われている表現技法を次から一つ選び、記号で答えなさい。

ア 直喩　イ 体言止め　ウ 倒置法

❷ 「想ひ出」を現代仮名遣いに直し、すべて平仮名で書きなさい。

❸ この短歌に込められた作者の思いとして適切なものを次から一つ選び、記号で答えなさい。

ア 子どものころに家族で行った遊園地の観覧車は、家族にとって大事な想い出であるというよろこび。

イ 観覧車の想い出は、私とあなたにとっては一生忘れることのないものであるというられしさ。

ウ 二人で観覧車に乗ったことを私だけが一生の思い出として大切にしている切なさ。

ヒント

(1) ❷鑑賞文の筆者が、短歌の作者の情報を踏まえている部分を読み取ろう。

(2) ❸対句表現が表していることを考えよう。

Step 1

夏の葬列

❶ 文章を読んで、問いに答えなさい。

▼教 177ページ2行～178ページ13行

正面の丘の陰から、ⓐ大きな石が飛び出したような気がしたのはその途中でだった。石はこちらを向き、急速な爆音と一緒に、不意に、何かを引きはがすような激しい連続音が聞こえた。叫び声があがった。「カンサイキだあ。」と、その声はどなった。

艦載機だ。彼は恐怖に喉がつまり、とたんに芋畑の中に倒れ込んだ。炸裂音が空中にすさまじい響きをたてて頭上を過ぎ、女の泣きわめく声が聞こえた。ヒロ子さんじゃない、と彼は思った。あれは、もっと大人の女の人の声だ。

「二機だ、隠れろ！　またやって来るぞう。」奇妙に間のびしたその声の間に、別の男の声が叫んだ。「おーい、引っ込んでろその女の子、だめ、走っちゃだめ！」白い服は絶好の目標になるんだ、……おい！」

白い服――ヒロ子さんだ。きっと、ヒロ子さんは撃たれて死んじゃうんだ。

その時第二撃が来た。男が絶叫した。

彼は、動くことができなかった。ほっぺたを畑の土に押しつけ、目をつぶって、ⓑ懸命に呼吸を殺していた。頭がしびれているみたいで、でも、無意識のうちに体を覆おうとするみたいに、②手で必死に芋の葉を引っぱり続けていた。辺りが急にしーんとして、旋回する

(1) 〰線ⓐ～ⓓの中から表現技法の種類が異なるものを一つ選び、記号で答えなさい。

(　　)

(2) ――線①「その女の子、だめ、走っちゃだめ！」とありますが、「その女の子」が走っているのはなぜですか。次から一つ選び、記号で答えなさい。

ア　声をかけてきた「別の男」に助けを求めるため。
イ　艦載機の攻撃を逃れ、自分の身を守るため。
ウ　「彼」が艦載機の攻撃を受けないよう助けるため。
エ　「彼」に助けてもらい、気持ちを落ち着けるため。

(　　)

(3) ――線②「手で必死に芋の葉を引っぱり続けていた」とありますが、それは何をするためですか。次から一つ選び、記号で答えなさい。

ア　動くことができなくなり、焦っていたため。
イ　男の声が大きかったことで、おどろいたため。
ウ　艦載機に見つからないように、自分の身を隠すため。
エ　懸命に呼吸を殺そうと、地面に踏ん張るため。

(　　)

15分

小型機の爆音だけが不気味に続いていた。

　突然、視野に大きく白い物が入ってきて、③柔らかい重い物が彼を押さえつけた。

「さ、早く逃げるの。一緒に、さ、早く。だいじょぶ？」

目をつり上げ、別人のような真っ青なヒロ子さんが、熱い呼吸（いき）で言った。彼は、口がきけなかった。④全身が硬直（こうちょく）して、目にはヒロ子さんの服の白さだけが鮮やかに映っていた。

「今のうちに、逃げるの、……何してるの？　さ、早く！」

　ヒロ子さんは、ⓒ怒ったような怖い顔をしていた。ああ、僕はヒロ子さんと一緒に殺されちゃう。僕は死んじゃうんだ、と彼は思った。声の出たのは、そのとたんだった。不意に、彼は狂（くる）ったような声で叫んだ。

「よせ！　向こうへ行け！　目だっちゃうじゃないかよ！」

「助けに来たのよ！」ヒロ子さんもどなった。「早く、道の防空壕（ごう）に……。」

「嫌だったら！　ヒロ子さんとなんて、一緒に行くの嫌だよ！」夢中で、⑤彼は全身の力でヒロ子さんを突き飛ばした。「……向こうへ行け！」

　悲鳴を、彼は聞かなかった。その時強烈な衝撃（しょうげき）と轟音（ごうおん）が地べたをたたきつけて、芋の葉が空に舞い上がった。ⓓ辺りに砂ぼこりのような幕が立って、彼は、彼の手であおむけに突き飛ばされたヒロ子さんがまるでゴムまりのように弾（はず）んで空中に浮くのを見た。

山川　方夫「夏の葬列」〈『山川方夫全集　第四巻　愛のごとく』〉より

(4)　――線③「柔らかい重い物」とは具体的に何ですか。文章から五字で抜き出しなさい。

(5)　――線④「全身が硬直して」とありますが、その時の気持ちとしてあてはまらないものを次から一つ選び、記号で答えなさい。
ア　恐怖　　イ　興奮　　ウ　緊張　　エ　驚き

(6)　――線⑤「彼は全身の力でヒロ子さんを突き飛ばした」とありますが、それはなぜですか。次から一つ選び、記号で答えなさい。
ア　二人で逃げるのは効率が悪いと思ったから。
イ　ヒロ子さんが大声で騒ぎだすと思ったから。
ウ　じっとしているほうが安全だと思ったから。
エ　ヒロ子さんの白い服が目だつと思ったから。

ヒント
(5)　「彼」がどんな様子だったのかを読み取り、心情を捉える。
(6)　その時の「彼」は、攻撃の標的となることをなにより恐れてパニックになっていたということをおさえる。

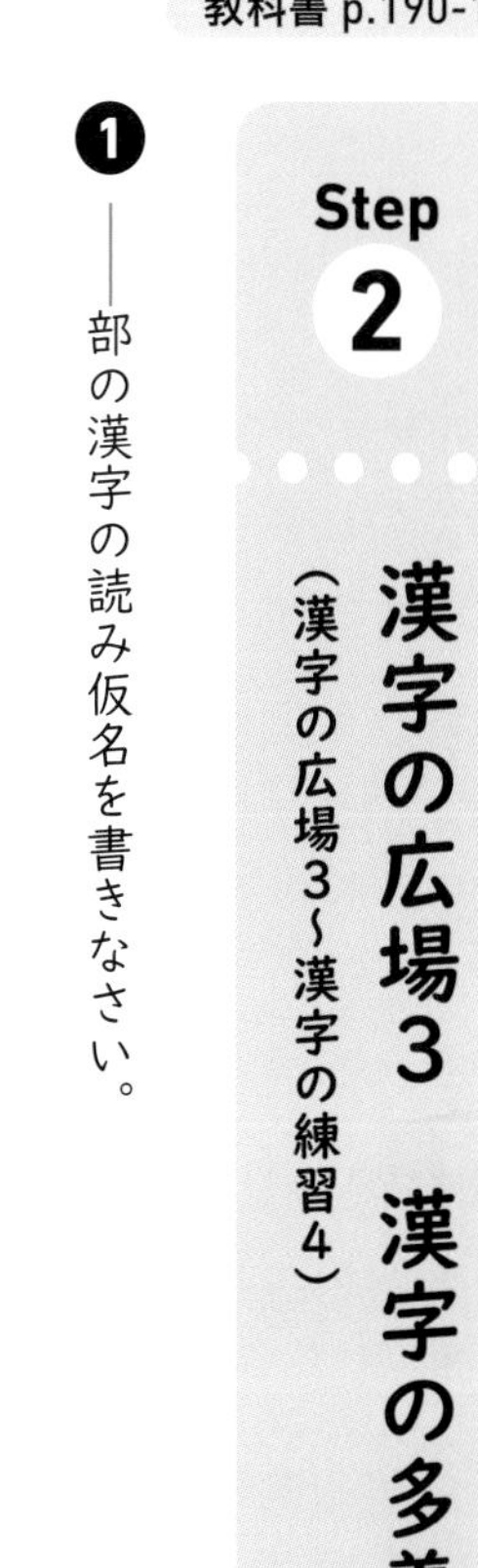

Step 2

漢字の広場3　漢字の多義性

（漢字の広場3〜漢字の練習4）

❶ ――部の漢字の読み仮名を書きなさい。

1 **一斤**の食パン。
2 **要旨**をおさえる。
3 感動で**号泣**する。
4 **襲撃**事件に遭う。
5 **根拠**を述べる。
6 海岸の**堤防**。
7 **緩急**をつける。
8 子ども用の**玩具**。
9 **擬態**語を調べる。
10 **掲示板**を見る。
11 **浄水場**を見学する。
12 **夏至**の日。
13 ご**満悦**な様子。
14 **危惧**の念。
15 恐怖で**戦慄**する。

各2点

❷ カタカナを漢字に直しなさい。

1 **フンソウ**が起こる。
2 偉人の**セキヒ**。
3 **ショセキ**を買う。
4 **キンユウ**機関
5 大気**オセン**
6 **ゲンコウ**を書く。
7 **キッサテン**に行く。
8 風の**テイコウ**。
9 **オウエン**団に入る。
10 **シヘイ**で払う。
11 通信**ハンバイ**
12 **ゴイ**を増やす。
13 自然の**セツリ**。
14 **イカン**の意。
15 **ダセイ**で続ける。

20分

/100

目標 75点

❸ 次の――線の「機」の意味をあとから一つずつ選び、記号で答えなさい。

❶ 機構　❷ 機転　❸ 動機
❹ 機嫌　❺ 機体

ア 飛行機などの略。　イ 頭の回転の速さ。
ウ きっかけ　エ 仕組み　オ 心の働き。

❸		
❶	❷	❸
❹	❺	

各3点

❹ 次の――線の「去」の意味をあとから一つずつ選び、記号で答えなさい。

❶ 去年　❷ 死去　❸ 撤去

ア いなくなる。　イ 取り除く。　ウ 時が過ぎる。

❹		
❶	❷	❸

各3点

❺ 次の――線の漢字の中から、下の（　）の意味で使われているものを一つずつ選び、記号で答えなさい。

❶ ア 主食　イ 主人　ウ 家主　エ 店主（おもな）
❷ ア 古代　イ 代弁　ウ 代理　エ 代行（ある期間）
❸ ア 信号　イ 音信　ウ 信実　エ 信条（便り）
❹ ア 海洋　イ 遠洋　ウ 大洋　エ 洋式（西洋の）

❺		
❶	❷	❸
❹		

各4点

テストに出る

・一つの漢字には、複数の異なる［意味］をもつものが多い。
なぜなら、一つの漢字のはたらきをさまざまな視点から分けたり、「転注（てんちゅう）」や「仮借（かしゃ）」で用法を広げたりしたからである。

↓漢字のもっている意味を理解しておくことは、熟語を正確に理解するためにも役立つ。

Step 1

ガイアの知性

15分

1 文章を読んで、問いに答えなさい。

▼教198ページ14行～200ページ3行

現代人の中で、鯨や象が自分たちに匹敵する「知性」をもった存在である、と素直に信じられる人は、まずほとんどいないだろう。それは、我々が、言葉や文字を生み出し、道具や機械をつくり、交通や通信手段を進歩させ、今やこの地球の全生命の未来を左右できるほどに科学技術を進歩させた、この能力を「知性」だと思いこんでいるからだ。

これらの点からみれば、自らは何も生産せず、自然が与えてくれるものだけを食べて生き、あとは何もしないでいるようにみえる（実はそうではないのだが）鯨や象が、自分たちと対等の「知性」をもった存在とはとても思えないのは、当然のことである。

しかし、一九六〇年代に入って、さまざまな動機から、鯨や象たちと深いつき合いをするようになった人たちの中から、①この「常識」に対する疑問が生まれ始めた。

鯨や象は、人の「知性」とは全く別種の「知性」をもっているのではないか、あるいは、人の「知性」は、②このガイアに存在する大きな「知性」の偏った一面の現れであり、もう一方の面に鯨や象の「知性」が存在するのではないか、という疑問である。

③この疑問は、最初、水族館に捕らえられたオルカ（シャチ）やイルカに芸を教えようとする調教師や医者や心理学者、その手伝いを

(1) この文章の最初の形式段落を、次のように要約した。A・Bにあてはまる言葉を、文章中からそれぞれ四字で抜き出しなさい。

・現代人は、地球の全生命の未来を左右できるほどの（ A ）を進歩させてきた能力を「知性」だと思いこんでいるため、鯨や象のことを自分たちに（ B ）「知性」の持ち主だとは考えていない。

A □□□□

B □□□□

(2) ――線①「この『常識』に対する疑問が生まれ始めた」とありますが、ここでの『常識』とはどのようなことですか。次から一つ選び、記号で答えなさい。

ア 人間のもつ「知性」とは全く別種の「知性」も存在するということ。

イ 鯨や象が、自らは何も生産しないで自然を破壊していること。

ウ 鯨や象は、人間と対等の「知性」をもった存在ではないということ。

（　　）

した音楽家、鯨の脳に興味をもつ大脳生理学者たちの実体験から生まれた。

彼らが異口同音に言う言葉がある。それは、④オルカやイルカは決して、ただ餌を欲しいがために本能的に芸をしているのではない、ということである。

彼らは捕らわれの身となった自分の状況を、はっきり認識している、という。そして、その状況を自ら受け入れると決意した時、初めて、自分とコミュニケーションしようとしている人間、さしあたっては調教師を喜ばせるために、そしてその状況の下で自分自身も、精いっぱい生きることを楽しむために、「芸」と呼ばれることを始めるのだ。水族館でオルカが見せてくれる「芸」のほとんどは、実は人間がオルカに強制的に教えこんだものではない。オルカのほうが、人間が求めていることを正確に理解し、自分のもっている高度な能力を、か弱い人間（調教師）のレベルに合わせて制御し、調整をしながら使っているからこそ可能になる「芸」なのだ。

龍村 仁「ガイアの知性」より

(3) ——線②「ガイア」とはここでは何をさしていますか。適切なものを次から一つ選び、記号で答えなさい。

ア 科学　イ 地球　ウ 生命　エ 人類

(4) ——線③「この疑問」とは、どのような疑問ですか。文章中から探し、初めの五字を抜き出しなさい。

(5) ——線④「オルカやイルカは……芸をしているのではない」とありますが、オルカ自身が「芸」と呼ばれることを始めるのは、何のためですか。四十字と十六字で探し、初めの五字を答えなさい。

ヒント

(2)(4) 指示語の内容は、直前の部分からおさえよう。

(5) 直後の段落にある理由を表す「〜ため」という言葉を探そう。

筆者がなぜ鯨や象に「知性」があると考えているのか、その根拠を読み取ろう。

Step 2

ガイアの知性

20分

／100

目標 75点

1 文章を読んで、問いに答えなさい。思

▼教201ページ17行～203ページ12行

象についてては、こんな話がある。①

アフリカのケニアで、ある自然保護官が象の寿命(じゅみょう)を調べるため、草原で新しく見つけた歯を持ち帰り倉庫に納めておいたところ、その日から毎晩、巨大(きょだい)な象②がやってきて、倉庫のかんぬきを開けようとする。不思議に思ったその保護官は、ある晩、かんぬきを開けたままにしておいた。すると、翌朝、数百個も集められていた歯の中から、その新しく収集した歯だけがなくなっていた。保護官がその歯を捜したところ、その歯はなんと、彼が発見したまさにその場所に戻されていたのだ。毎晩倉庫にやってきた象は、たぶん亡(な)くなった象の肉親だったのだろう。それにしてもその象は、どうやって歯が倉庫にあることを知ったのだろう。

(1) ——線①「象についてては、こんな話がある」とありますが、この話から筆者がわかったことを、文章中から十五字で探し、初めの五字を抜き出しなさい。

(2) ——線②「巨大な象」は、倉庫に何をしに来たのですか。次から一つ選び、記号で答えなさい。

ア 保護官を困らせるために、倉庫を荒らそうとした。
イ 亡くなった肉親の象の歯を元の場所に戻そうとした。
ウ さまざまな象の歯を元の場所に戻そうとした。

(3) ——線③「人間の『知性』」について、次の問いに答えなさい。

1 人間の「知性」とはどういう知性ですか。文章中から六字で抜き出しなさい。

2 人間の「知性」にはどのような問題点がありますか。文章中の言葉を使って答えなさい。

(4) ——線④「受容的な知性」とありますが、これはどういう知性ですか。文章中の言葉を使って、書きなさい。

点UP

(5) 人間の知性についての筆者の考えを、文章中の言葉を用いて答えなさい。

数百個もある歯の中から、どうやって肉親の歯を見分けたのだろう。そして最大の謎は、その象が、なぜ歯を元の場所にわざわざ戻したのだろう、ということだ。

このように、鯨(くじら)や象が高度な「知性」をもっていることは、たぶんまちがいない事実だ。

しかし、その「知性」は、科学技術を進歩させてきた人間の「知性」とは大きく違うものだ。③人間の「知性」は、自分たちだけの安全と便利さのために自然をコントロールし、意のままに支配しようとする、いわば「攻撃(こうげき)的な知性」だ。この「攻撃的な知性」をあまりにも進歩させてきた結果として、人間は環境破壊を起こし、地球全体の生命を危機に陥(おとし)れている。これに対して、鯨や象のもつ「知性」は、いわば④「受容的な知性」とでも呼べるものだ。彼らは、自然をコントロールしようなどとはいっさい思わず、そのかわり、この自然のもつ無限に多様で複雑な営みを、できるだけ繊細に理解し、それに適応して生きるために、その高度な「知性」を使っている。

だからこそ彼らは、我々人類よりはるか以前から、あの大きな体でこの地球に生きながらえてきたのだ。同じ地球に生まれながら、片面だけの「知性」を異常に進歩させてしまった我々人類は、今、もう一方の「知性」の持ち主である鯨や象たちからさまざまなことを学ぶことによって、真の意味の「ガイアの知性」に進化する必要がある、と私は思っている。

龍村 仁「ガイアの知性」より

2 ——線のカタカナを漢字で書きなさい。

❶ 写真をサツエイする。 ❷ シサに富む指摘。
❸ 周囲のジョウキョウ。 ❹ センタク科目。

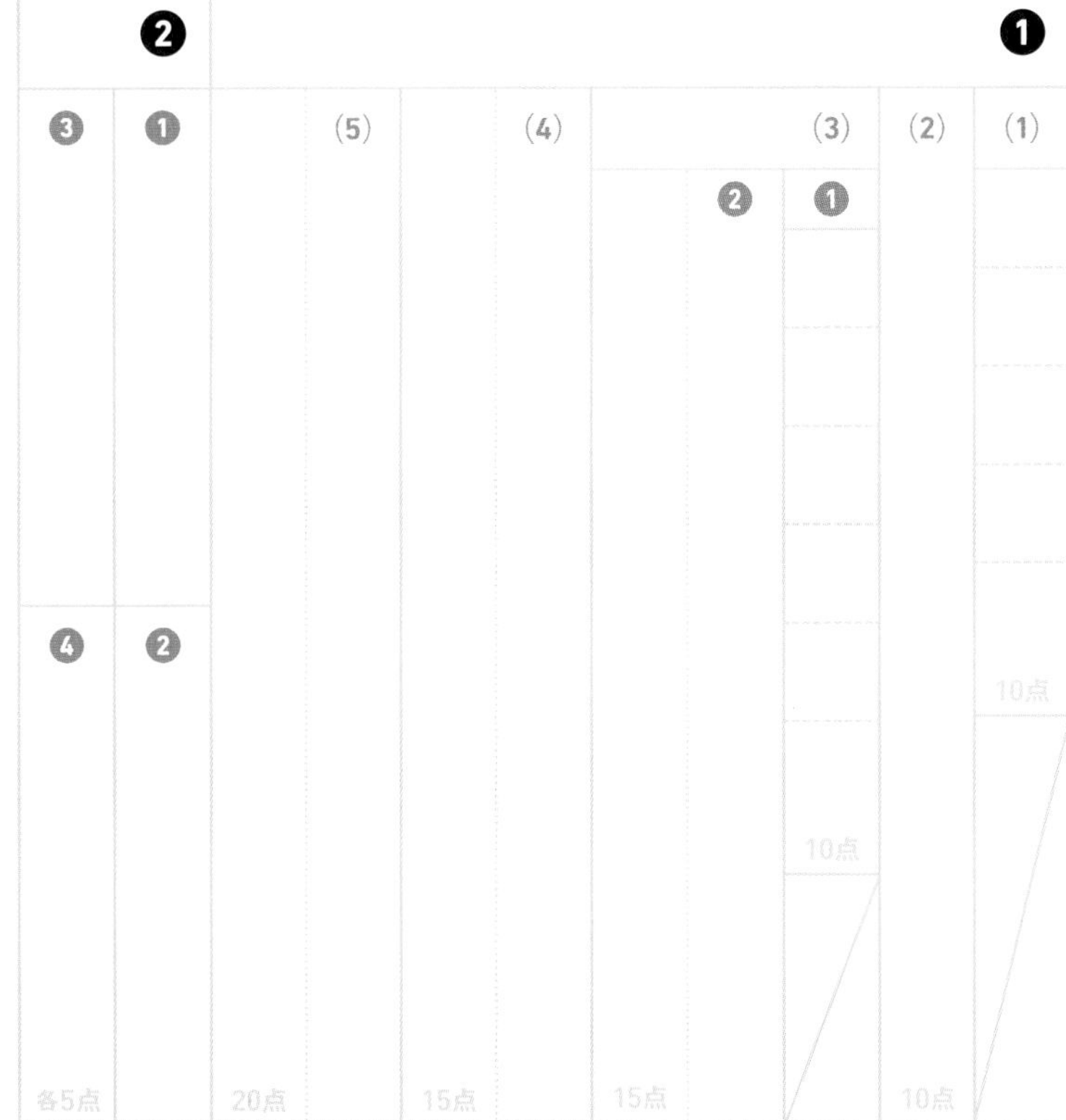

成績評価の観点 思…思考・判断・表現

Step 1

学ぶ力

15分

❶ 文章を読んで、問いに答えなさい。

▼㊎226ページ1行〜228ページ2行

日本の子どもたちの学力が低下していると言われることがあります。そんなことを言われるといい気分がしないでしょう。私が、中学生だとしても、新聞記事やテレビのニュースで①そのようなことを聞かされたら、おもしろくありません。しかし、この機会に、少しだけ気を鎮(しず)めて、「学力が低下した」とはどういうことなのか、考えてみましょう。

そもそも、低下したとされている「学力」とは、何をさしているのでしょうか。「学力って、試験の点数のことでしょう。」と答える人が、ほとんどだと思います。本当にそうでしょうか。②「学力」とは「試験の点数」のことなのでしょうか。私はそうは思いません。試験の点数は数値です。数値ならば、他の人と比べたり、個人の経年変化をみたりするうえでは参考になります。でも、学力とはそのような数値だけで捉えるものではありません。「学力」という言葉をよく見てください。訓読みをしたら「学ぶ力」になります。私は学力を「学ぶことができる力」、「学べる力」として捉えるべきだと考えています。数値として示して、他人と比較したり、順位をつけたりするものではない。私はそう思います。

例えば、ここに「消化力」が強い人がいるとしましょう。ご飯をおなかいっぱいに詰(つ)め込んでも、食休みもしないで、すぐに次の活

(1) ——線①「そのようなこと」とは何をさしていますか。文章中から十八字で探し、初めの五字を抜き出しなさい。

(2) ——線②「『学力』とは……そうは思いません」とありますが、なぜ筆者はそう考えているのですか。次の文の□にあてはまる言葉を、それぞれ二字で抜き出しなさい。

・学力は、[a]によって、[b]したり、[c]をつけたりするものではないから。

a

b

c

(3) ——線③「私は『学力』も……と思うのです」とありますが、「そういう能力」をさすものとして具体的に挙げられている能力を、三字二つと五字で抜き出しなさい。

動に取りかかれる人はまちがいなく「消化力が強い」といえます。「消化力が強いです。」と人にも自慢できます。しかし、それを点数化して他人と比べたりしようとはしないはずです。「睡眠力」や、「自然治癒力」というものも、同様のものだと思います。どんなときでもベッドに潜り込んだら、数秒で熟睡状態に入れる人は「睡眠力が高い」といえるでしょう。この力は健康維持のためにもストレスを軽減するうえでも、きわだって有用ですが、睡眠力を他人と比較して自慢したり、順位をつけたりすることは普通しません。けがをしてもすぐに傷口が塞がってしまう自然治癒力も生きるうえでは、おそらく学力以上に重要な力でしょうが、その力も他人と比較するものではありません。③私は「学力」もそういう能力と同じものではないかと思うのです。

④「学ぶ力」は他人と比べるものではなく、個人的なものだと思います。「学ぶ」ということに対して、どれくらい集中し、夢中になれるか、その強度や深度を評するためにこそ「学力」という言葉を用いるべきではないでしょうか。そして、それは消化力や睡眠力と同じように、「昨日の自分と比べたとき」の変化が問題なのだと思います。昨日よりも消化がいいか、一週間前よりも寝つきがよいか、一年前よりも傷の治りが早いか、その時間的変化を点検したときに初めて、⑤自分の身に「何か」が起きていることがわかります。もし「力」が伸びているなら、それは今の生き方が正しいということですし、「力」が落ちていれば、それは今の生き方のどこかに問題があるということです。

内田 樹「学ぶ力」より

(4) ——線④「『学ぶ力』は他人と比べるものではなく、個人的なもの」とありますが、筆者はなぜそう考えているのですか。次の文の（　）に当てはまる言葉を十九字で探し、初めと終わりの五字を抜き出しなさい。（句読点や記号を含む。）

・「学力」は（　　　）になるから。

□□□□□ 〜 □□□□□

(5) ——線⑤「自分の身に『何か』が起きていることがわかります」とありますが、このことによって何を知ることができますか。次から一つ選び、記号で答えなさい。

ア 自分の生き方が正しいかどうかを知ることができる。
イ 他人との力の差や自分の順位を知ることができる。
ウ これからの成績の上がり方を知ることができる。

ヒント

(4) 「学力」という力の変化は、どのような変化が重要になっているのかを読み取る。

(5) ——線⑤の後の部分に着目し、「力」が伸びた時、落ちた時に、どのような情報が得られるかを読み取る。

Step 2

学ぶ力

20分

／100

目標 75点

1 文章を読んで、問いに答えなさい。思　▼教228ページ3行〜229ページ12行

人間が生きていくために本当に必要な「力」についての情報は、他人と比較したときの優劣(ゆうれつ)ではなく、①「昨日の自分」と比べたときの「力」の変化についての情報なのです。そのことをあまりに多くの人が忘れているようなので、ここに声を大にして言っておきたいと思います。自分の「力」の微細な変化まで感知されているかぎり、私たちは自分の生き方の適不適を判定し、修正を加えることができます。

「学ぶ力」も、そのような時間的変化のうちにおいてのみ、意味をもつ指標だと私は思います。そのうえで「学ぶ力」とはどういう条件で「伸びる」ものなのか、具体的にみてみましょう。

「学ぶ力が伸びる」ための第一の条件は、自分には「まだまだ学ばなければならないことがたくさんある」という「学び足りなさ」の自覚があること。②「無知の自覚」といってもよい。これが第一です。

「私はもう知るべきことはみな知っているので、これ以上学ぶことはない。」と思っている人には「学ぶ力」がありません。このような人が、本来の意味での「学力がない人」だと私は思います。物事に興味や関心を示さず、人の話に耳を傾け(かたむけ)ないような人は、どんなに社会的な地位が高くても、有名な人であっても「学力のない人」です。

(1) ――線①「『昨日の自分』と比べたときの『力』の変化」と同じ意味の言葉を文章中から五字で抜き出しなさい。

(2) ――線②「『無知の自覚』」とありますが、「無知の自覚」のない人とは具体的にどのような人ですか。文章中から二箇所探し、それぞれ初めと終わりの三字を抜き出しなさい。(記号含む。)

(3) ――線③「学ぶべきことがあるのはわかっているのだけれど、誰に教わったらいいのかわからない、という人」を次のように言いかえると、(　　)にはどんな言葉があてはまりますか。文章中からAは二字、Bは一字で抜き出しなさい。

・学ぶ(　A　)はあるが、「(　B　)」を見立てる力がない人。

(4) 筆者はどのような人を「師」とするのがよいと考えていますか。次から一つ選び、記号で答えなさい。

ア　自分が学べるものをもっていると感じられる人。
イ　すでに亡くなっている昔の作家や外国の偉人。
ウ　街を歩いている人の中でひときわ目だつ人。

(5) ――線④「『師を求めるセンサー』を機能させている」とはどういうことですか。文章中の言葉を使って書きなさい。

点UP

(6) 筆者は「学ぶ力が伸びる」ためにはどうすることが必要だと述べていますか。文章中の言葉を使って三つの条件を全て入れ、一文で書きなさい。

第二の条件は、教えてくれる「師（先生）」を自ら見つけようとすること。

③学ぶべきことがあるのはわかっているのだけれど、誰に教わったらいいのかわからない、という人は残念ながら「学力がない」人です。いくら意欲があっても、これができないと学びは始まりません。

　ここでいう「師」とは、別に学校の先生である必要はありません。書物を読んで、「あ、この人を師匠と呼ぼう。」と思って、会ったことのない人を「師」に見立てることも可能です（だから、会っても言葉が通じない外国の人だって、亡くなった人だって、「師」にしていいのです）。街行く人の中に、ふとそのたたずまいに「何か光るもの」があると思われた人を、瞬間的に「師」に見立てて、その人から学ぶということでも、もちろんかまいません。生きて暮らしていれば、いたるところに師あり、ということになります。ただし、そのためには日頃からいつもアンテナの感度を上げて、④「師を求めるセンサー」を機能させていることが必要です。

　第三の条件、それは「教えてくれる人を『その気』にさせること」です。

　こちらには学ぶ気がある。師には「教えるべき何か」があるとします。条件が二つそろいました。しかし、それだけでは学びは起動しません。もう一つ、師が「教える気」になる必要があります。

内田 樹「学ぶ力」より

❷ ――線のカタカナを漢字で書きなさい。

❶ 水中にモグる。
❷ 体力をイジする。
❸ 傷口をフサぐ。
❹ 書道用のスミを買う。

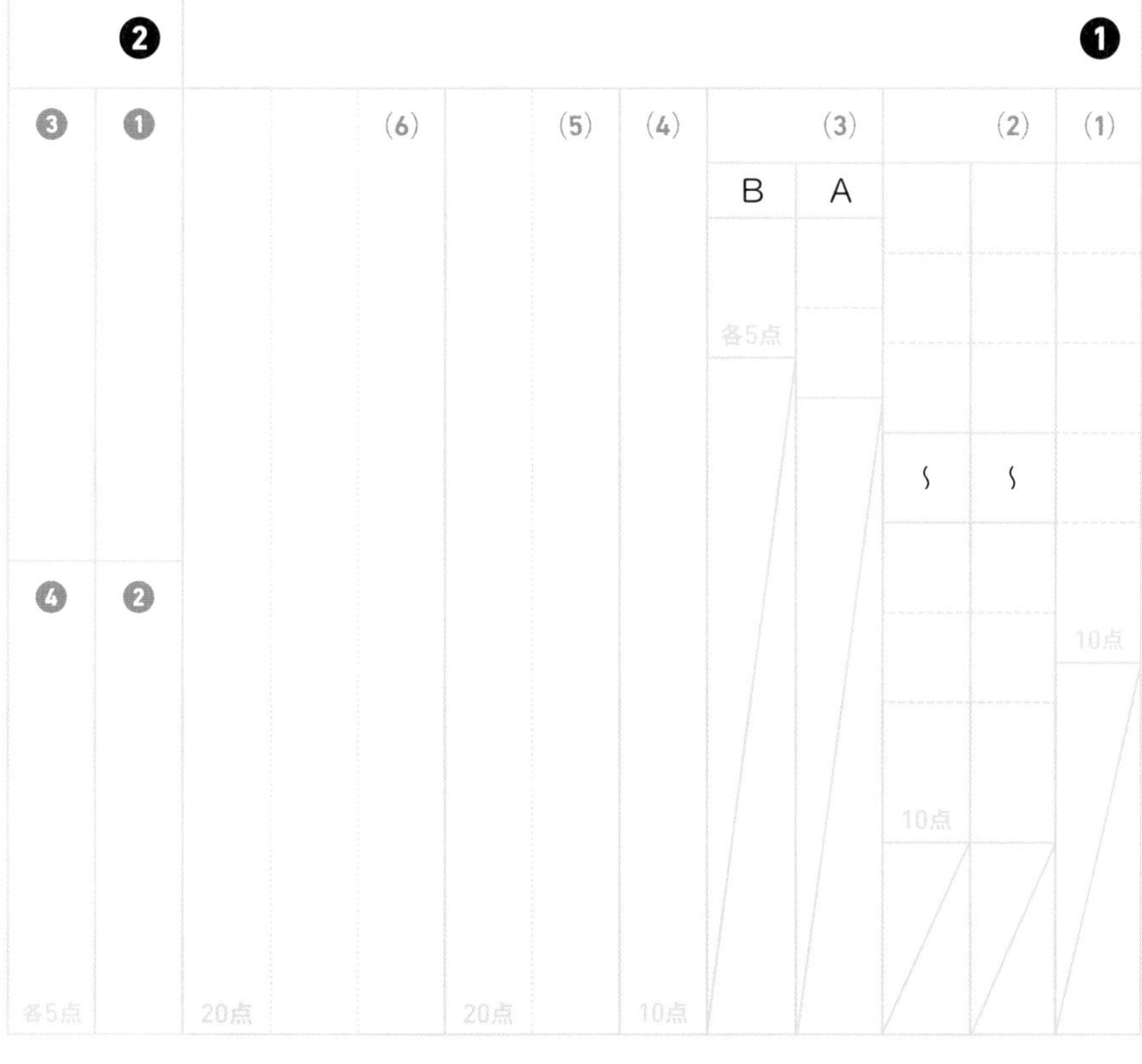

成績評価の観点 思…思考・判断・表現

Step 2 文法の小窓3 付属語のいろいろ

（文法の小窓3～漢字の練習5）

20分

/100

目標 75点

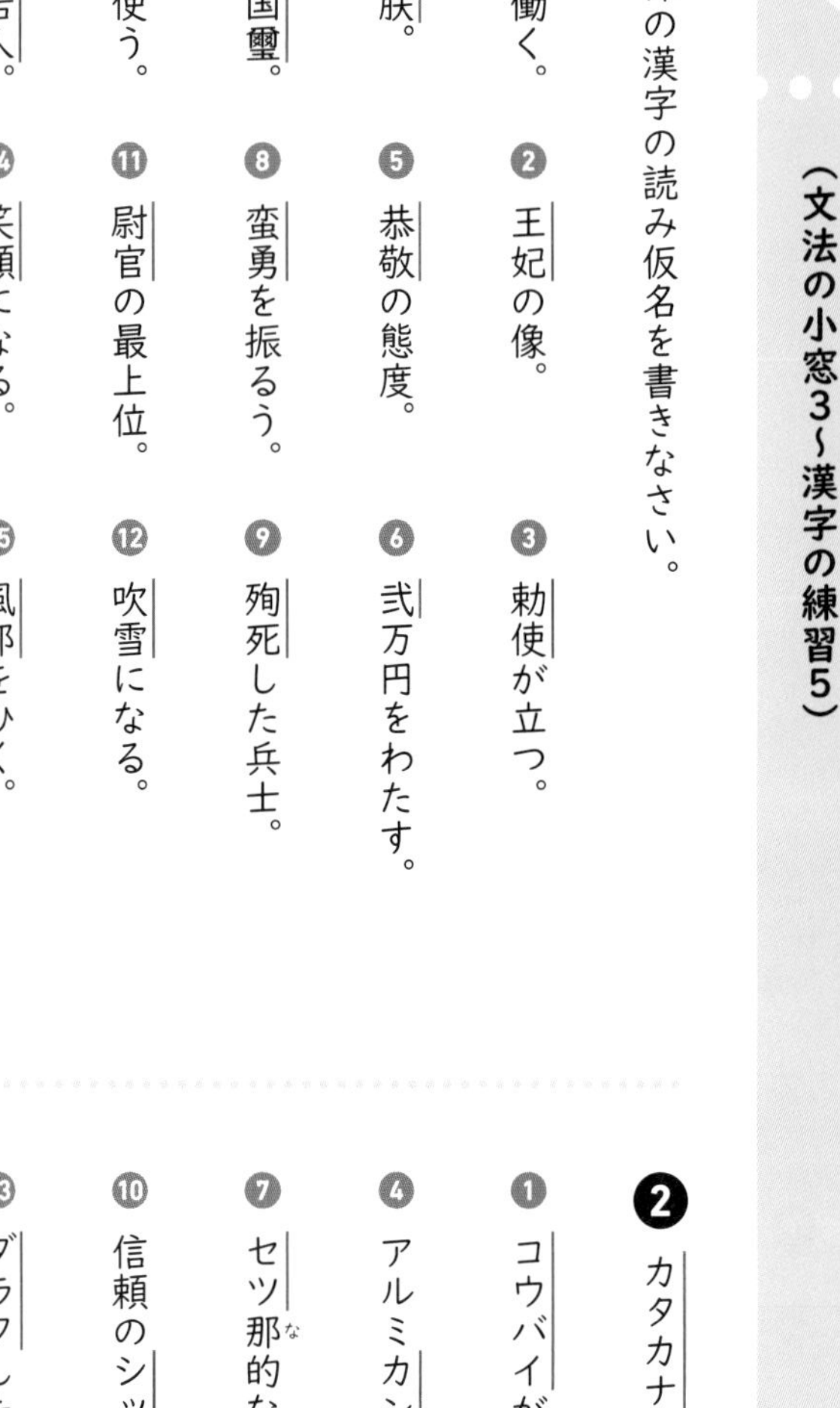

1 ―部の漢字の読み仮名を書きなさい。

1 炭坑で働く。
2 王妃の像。
3 勅使が立つ。
4 自称(じしょう)は朕。
5 恭敬の態度。
6 弐万円をわたす。
7 現行の国璽。
8 蛮勇を振るう。
9 殉死した兵士。
10 重曹を使う。
11 尉官の最上位。
12 吹雪になる。
13 元気な若人。
14 笑顔になる。
15 風邪をひく。

1

1	5	9	13
2	6	10	14
3	7	11	15
4	8	12	

各2点

2 カタカナを漢字に直しなさい。

1 コウバイが強い。
2 ガクフを読む。
3 自信カジョウ
4 アルミカンを拾う。
5 ツけ物を食べる。
6 文書のハンプ。
7 セツ那(な)的な生き方。
8 ショウチュウ
9 財閥のソウスイ。
10 信頼のシッツイ。
11 ヒメン権の行使。
12 趣味(しゅみ)カつ仕事。
13 ダラクした生活。
14 ホリョを助ける。
15 シャクイのある人。

2

1	5	9	13
2	6	10	14
3	7	11	15
4	8	12	

各2点

3 次の文章の――線部の中から、1格助詞、2接続助詞、3副助詞、4終助詞を一つずつ選び、記号で答えなさい。

ごんは(ア)「お念仏が(イ)あるんだな(ウ)。」と思いながら(エ)、井戸のそばにしゃがんでいました。

新見 南吉「ごんぎつね」より

3				
1	2	3	4	各3点

4 次の――線部の助詞の意味をあとから一つずつ選び、記号で答えなさい。

1 屋根に猫がいる。
2 病気で欠席した。
3 叱られても、平気だ。
4 お菓子ばかり食べるな。
5 何があったのですか。
6 急がないと、遅刻する。

ア 原因・理由　イ 順接　ウ 場所
エ 質問・疑問　オ 逆接　カ 限定

4			
1	2	3	
4	5	6	各2点

5 次の各組の――線部の助動詞で一つだけ意味の異なるものを選び、記号で答えなさい。

1
ア 毎朝一人で起きられる。
イ もっと食べられる。
ウ 成績表を人に見られる。

2
ア 外は暑そうだ。
イ 足が悪いそうだ。
ウ 彼も行くそうだ。

3
ア 海のように広い湖。
イ 雨がやんだようだ。
ウ まるで太陽のような光。

4
ア 仕事を休んだ。
イ 明日は休みだ。
ウ 大声で叫んだ。

5				
1	2	3	4	各4点

テストに出る

● 助詞……活用のない付属語

格助詞……主に体言につく。
接続助詞……主に用言や助動詞につく。
副助詞……いろいろな語につく。
終助詞……文や文節の終わりにつく。

● 助動詞…活用のある付属語。述語にいろいろな意味をつけ加えたり、話し手（書き手）の判断や気持ちを表したりする。

Step 1

豚

❶ 詩を読んで、問いに答えなさい。

▼教244ページ～245ページ

豚

木坂涼

ハム、ソーセージ
ベーコン
焼き豚

豚

背ロース、肩ロース
肩肉、ばら肉、もも肉、すね肉
ヒレ

豚

ステーキ
カツレツ
酢豚

豚

---

(1) 「豚」に関して、豚肉を用いた料理の名前を並べている連はどこですか。数字で答えなさい。

（　　）連目

(2) 25・26行め「子だくさん／でした」の主語を、詩の中から抜き出しなさい。

（　　）

(3) 最終連は「豚」のどのような姿を表していますか。次から一つ選び、記号で答えなさい。

ア 食材として食べられる豚。
イ 動物として生きる豚。
ウ ペットとしてかわいがられる豚。

（　　）

(4) この詩では、偶数連で「豚」という言葉が繰り返されますが、これにはどのような効果がありますか。次から一つ選び、記号で答えなさい。

ア 前後の文脈によって、言葉の印象が変わることを強調する。
イ イメージの違いをもたせることで、他の動物を連想させる。
ウ 強い余韻をもたせ、印象をわかりやすく伝えることができる。

（　　）

骨、頭、皮、耳、鼻、しっぽ
ひづめ、血液
スープ、ラード
泥に背中をこすりつけるのが目を細めるとき
でした
子だくさん
でした

(5) この詩に込められている思いとして適切なものを次から一つ選び、記号で答えなさい。

ア かわいらしい「豚」を食べてしまうことは、とても切ないという思い。

イ 結局食べるのなら、日頃から食べ物として「豚」をとらえていくことが大切だという思い。

ウ 人は常に命を食べているということを忘れてはならないという思い。

ヒント

(4) 偶数連で「豚」と繰り返されることと、奇数連の内容の関係性を考えよう。

(5) 「豚」を思い浮かべた作者のもつイメージの変化を捉え、どのようなことを伝えたいのか考えよう。

「豚」に対するイメージを思い浮かべながら読もう。

Step 1 走れメロス

15分

❶ 文章を読んで、問いに答えなさい。

▼教259ページ3行～261ページ5行

ふと耳に、潺々、水の流れる音が聞こえた。そっと頭をもたげ、息をのんで耳を澄ました。すぐ足もとで、水が流れているらしい。よろよろ起き上がって、見ると、岩の裂け目から滾々と、何か小さくささやきながら清水が湧き出ているのである。その泉に吸い込まれるようにメロスは身をかがめた。水を両手ですくって、一口飲んだ。ほうと長いため息が出て、①夢から覚めたような気がした。歩ける。行こう。肉体の疲労回復とともに、僅かながら希望が生まれた。②義務遂行の希望である。わが身を殺して、名誉を守る希望である。斜陽は赤い光を、木々の葉に投じ、葉も枝も燃えるばかりに輝いている。日没までには、まだ間がある。私を、待っている人があるのだ。少しも疑わず、静かに期待してくれている人があるのだ。私は、信じられている。私の命なぞは、問題ではない。死んでおわび、などと気のいいことは言っておられぬ。私は、信頼に報いなければならぬ。今はただその一事だ。走れ！　メロス。

私は信頼されている。私は信頼されている。先刻の、あの悪魔のささやきは、あれは夢だ。悪い夢だ。忘れてしまえ。五臓が疲れているときは、ふいとあんな悪い夢を見るものだ。メロス、おまえの恥ではない。やはり、おまえは真の勇者だ。③再び立って走れるようになったではないか。ありがたい！　私は、正義の士として死ぬこ

(1) ——線①「夢」を言い換えた表現をこの次の段落から七字で抜き出しなさい。

(2) ——線②「義務遂行の希望」とありますが、これはどういうことですか。次から一つ選び、記号で答えなさい。

ア　生まれた時から死ぬ時まで正直な男のままでいること。
イ　王との約束を守り、自分を信頼している友人を助けること。
ウ　夕日が沈むまで、ひたすらに走り続けること。

(3) ——線③「再び立って走れるようになったではないか」とありますが、なぜメロスは走れるようになったのですか。きっかけとなった一文を文章中から探し、初めの五字を抜き出しなさい。

(4) ——線④「黒い風のように」に用いられている表現技法を次から一つ選び、記号で答えなさい。

ア　擬人法　イ　体言止め　ウ　倒置法　エ　直喩

とができるぞ。ああ、日が沈む。ずんずん沈む。待ってくれ、ゼウスよ。私は生まれた時から正直な男であった。正直な男のままにして死なせてください。

　道行く人を押しのけ、跳ね飛ばし、メロスは④黒い風のように走った。野原で酒宴(しゅえん)の、その宴席のまっただ中を駆け抜け、酒宴の人たちを仰天させ、犬を蹴飛ばし、小川を跳(と)び越え、少しずつ沈んでゆく太陽の、十倍も速く走った。一団の旅人とさっとすれ違った瞬間、⑤不吉な会話を小耳にはさんだ。「今頃は、あの男も、はりつけにかかっているよ。」ああ、その男、その男のために私は、今こんなに走っているのだ。その男を死なせてはならない。急げ、メロス。遅れてはならぬ。愛と誠(まこと)の力を、今こそ知らせてやるがよい。風体(ふうてい)なんかは、どうでもいい。メロスは、今は、ほとんど全裸体(ぜんらたい)であった。呼吸(いき)もできず、二度、三度、口から血が噴き出た。見える。はるか向こうに小さく、シラクスの町の塔楼(とうろう)が見える。⑥塔楼は、夕日を受けてきらきら光っている。

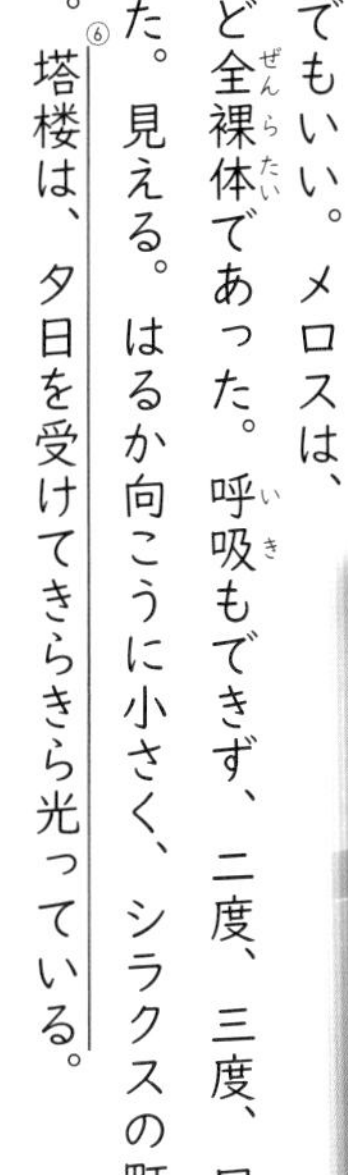

太宰 治「走れメロス」〈『太宰治全集　第三巻』〉より

(5) ――線⑤「不吉な会話」とありますが、なぜ「不吉」なのですか。次から一つ選び、記号で答えなさい。

ア　メロスの見た目のせいで、王の城に入れないかもしれないから。
イ　刑場にたくさんの人が集まり、さらし者になるかもしれないから。
ウ　人質になっている友人がはりつけになっているかもしれないから。

(6) ――線⑥「塔楼は、夕日を受けてきらきら光っている」とありますが、これはメロスのどのような心情を反映した描写ですか。次から一つ選び、記号で答えなさい。

ア　約束を守ることができるという希望。
イ　妹の結婚式を見届けたという安心感。
ウ　王を驚かせることができるという期待。

ヒント

(2) メロスがしなければならないことを考えよう。

(6) 「きらきら光っている」という表現は、メロスの前向きな心情を表している。

Step 2

走れメロス

20分

／100
目標 75点

1 文章を読んで、問いに答えなさい。思

▼教 261ページ16行～263ページ12行

「やめてください。走るのは、やめてください。今はご自分のお命が大事です。あのかたは、あなたを信じておりました。刑場に引き出されても、平気でいました。王様が、さんざんあのかたをからかっても、メロスは来ます、とだけ答え、強い信念をもち続けている様子でございました。」

「それだから、走るのだ。信じられているから走るのだ。まにあう、まにあわぬは問題でないのだ。人の命も問題でないのだ。私は、なんだか、①もっと恐ろしく大きいもののために走っているのだ。ついてこい！　フィロストラトス。」

「ああ、あなたは気が狂ったか。それでは、うんと走るがいい。ひょっとしたら、②まにあわぬものでもない。走るがいい。」

言うにや及ぶ。まだ日は沈まぬ。最後の死力を尽くして、メロスは走った。メロスの頭は、空っぽだ。何ひとつ考えていない。ただ、訳のわからぬ大きな力に引きずられて走った。日は、ゆらゆら地平線に没し、まさに最後の一片（いっぺん）の残光も、消えようとした時、③メロスは疾風のごとく刑場に突入した。まにあった。

「待て。その人を殺してはならぬ。メロスが帰ってきた。約束のとおり、今、帰ってきた。」と、大声で刑場の群衆に向かって叫んだつもりであったが、喉が潰れてしわがれた声がかすかに出たばかり、

(1) ――線①「もっと恐ろしく大きいもののために走っているのだ」とありますが、「もっと恐ろしく大きいもの」とは何ですか。次から一つ選び、記号で答えなさい。

ア　王を改心させてやりたいという正義感。
イ　信実を自ら証明するのだという使命感。
ウ　民衆の期待に応えられるという自負心。

(2) ――線②「まにあわぬものでもない」とありますが、具体的にはどんなことをさしていますか。次の文の（　）にあてはまる言葉を、Aは四字、Bは文章中の二字で答えなさい。

・（　A　）までに、王の待つ（　B　）へたどり着くこと。

(3) ――線③「メロスは疾風のごとく刑場に突入した」の部分に用いられている表現を次から一つ選び、記号で答えなさい。

ア　倒置法　　イ　体言止め　　ウ　直喩　　エ　擬人法（ぎじんほう）

(4) ――線④「私はこの三日の間、……君を疑った」とありますが、セリヌンティウスはどんなことを「疑った」と考えられますか。「メロスが……と疑った。」という形で答えなさい。

点UP

(5) ――線⑤『ありがとう、友よ。』……声を放って泣いた」とありますが、この時の二人の気持ちを「信頼」という言葉を用いて書きなさい。

(6) 文章中の場面の中で、刑場の群衆の様子が大きく変化したことがわかるひと続きの二文を探し、初めと終わりの五字を抜き出しなさい。（句読点も字数に含む。）

群衆は、一人として彼の到着に気がつかない。すでにはりつけの柱が高々と立てられ、縄を打たれたセリヌンティウスは、徐々につり上げられてゆく。メロスはそれを目撃して最後の勇、先刻、濁流を泳いだように群衆をかき分け、かき分け、

「私だ、刑吏！　殺されるのは、私だ。メロスだ。彼を人質にした私は、ここにいる！」と、かすれた声で精いっぱいに叫びながら、ついにはりつけ台に登り、つり上げられてゆく友の両足に、かじりついた。群衆は、どよめいた。あっぱれ。許せ、と口々にわめいた。セリヌンティウスの縄は、ほどかれたのである。

「セリヌンティウス。」メロスは目に涙を浮かべて言った。

「私を殴れ。力いっぱいに頰を殴れ。私は、途中で一度、悪い夢を見た。君がもし私を殴ってくれなかったら、私は君と抱擁する資格さえないのだ。殴れ。」

セリヌンティウスは、全てを察した様子でうなずき、刑場いっぱいに鳴り響くほど音高くメロスの右頰を殴った。殴ってから優しくほほえみ、

「メロス、私を殴れ。同じくらい音高く私の頰を殴れ。④私はこの三日の間、たった一度だけ、ちらと君を疑った。生まれて、初めて君を疑った。君が私を殴ってくれなければ、私は君と抱擁できない。」

メロスは腕にうなりをつけてセリヌンティウスの頰を殴った。

⑤「ありがとう、友よ。」二人同時に言い、ひしと抱き合い、それからうれし泣きにおいおい声を放って泣いた。

太宰 治「走れメロス」〈『太宰治全集　第三巻』〉より

❷ ――線のカタカナを漢字で書きなさい。

① シュクエンを催す。
② 要求をコバむ。
③ ミケンのしわ。
④ トウチャクの時刻。

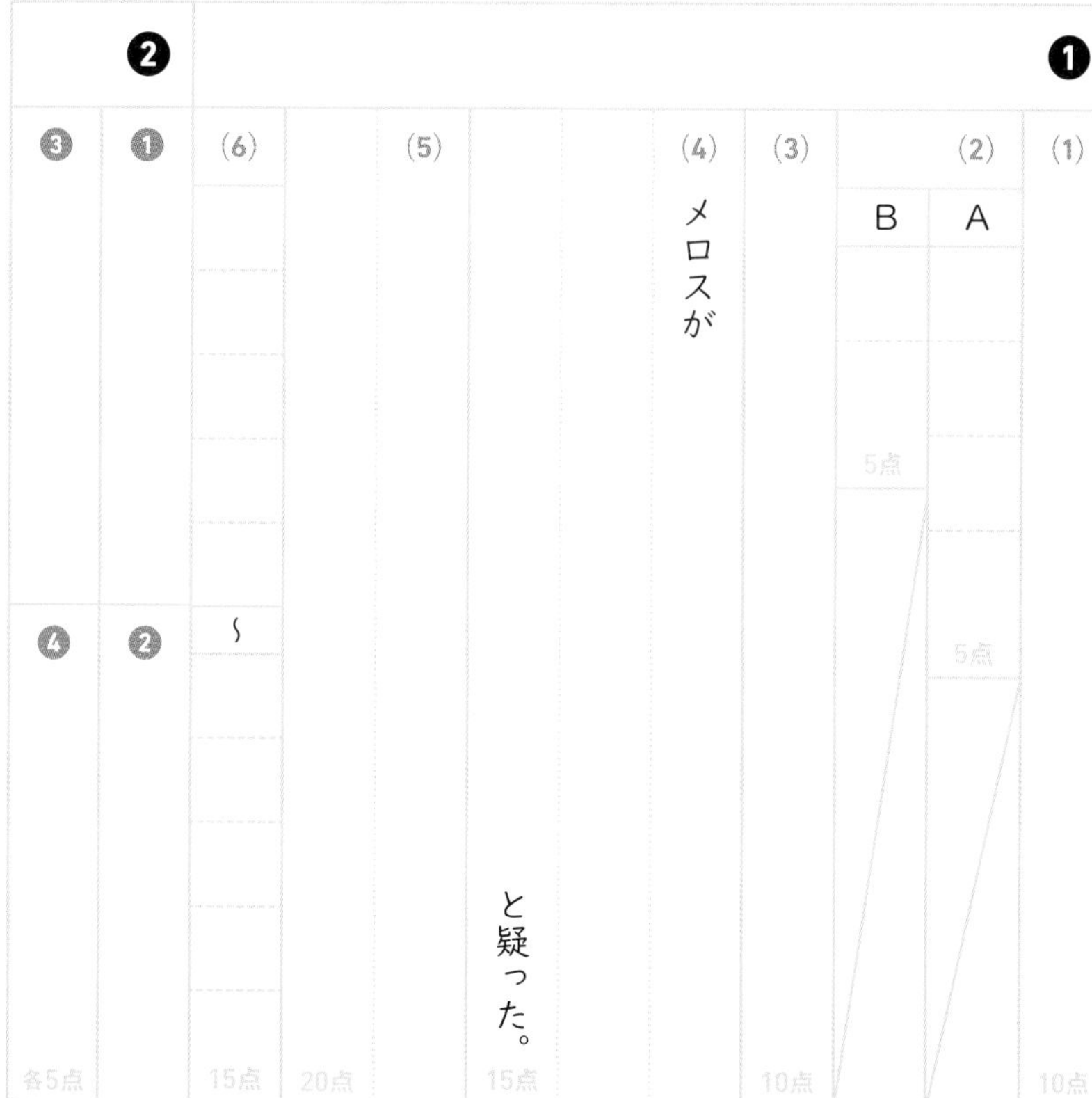

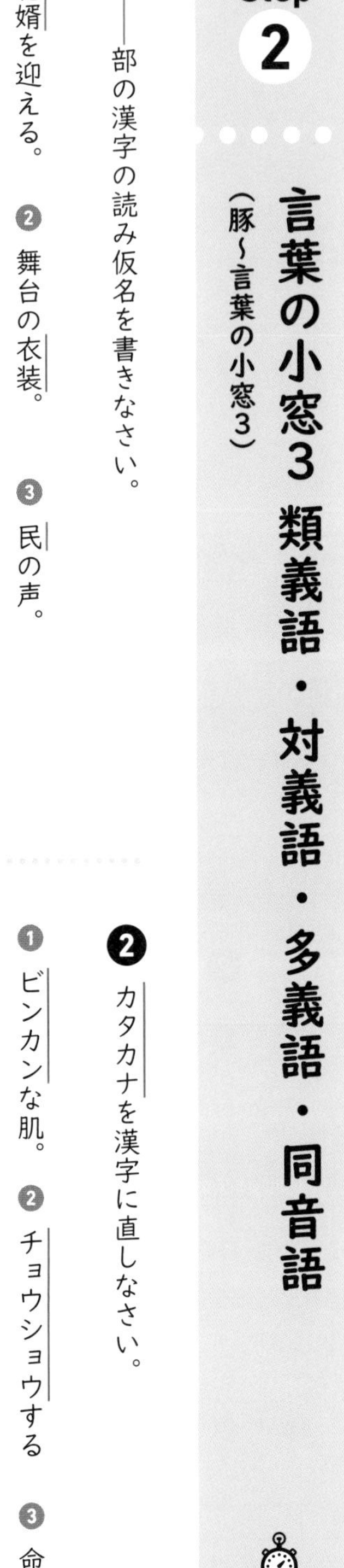

Step 2

言葉の小窓3 類義語・対義語・多義語・同音語
（豚〜言葉の小窓3）

20分

/100 目標 75点

1 ——部の漢字の読み仮名を書きなさい。

1 花婿を迎える。
2 舞台の衣装。
3 民の声。
4 味を調える。
5 車軸を流す。
6 蒸し暑い。
7 舟をこぐ。
8 渡し守を探す。
9 神様に哀願する。
10 誠をつくす。
11 山賊の集団。
12 足が萎える。
13 紙を断つ。
14 真紅の花。
15 醜い争い。

1 1 2 3 4 5 6 7 8 9 10 11 12 13 14 15 各2点

2 カタカナを漢字に直しなさい。

1 ビンカンな肌。
2 チョウショウする
3 命ゴいをする。
4 ショケイ台
5 テイシュをもつ。
6 フキツな予感。
7 コヨイの月。
8 ユウユウと歩く。
9 メイヨを守る。
10 コブシを握る。
11 激しいダクリュウ。
12 ムダな時間。
13 壁（かべ）をナグる。
14 ロボウの人。
15 人をアザムく。

2 1 2 3 4 5 6 7 8 9 10 11 12 13 14 15 各2点

❸ 次の――線の言葉の対義語を漢字と送り仮名を使い、（　　）の字数で書きなさい。

❶ 心の冷たい人。 ⇔ 心の（　三字　）人。

❷ 玄関のドアを開ける。 ⇔ 玄関のドアを（　三字　）。

❸ 友達に千円借りる。 ⇔ 友達が千円（　二字　）。

❹ 体を曲げる。 ⇔ 体を（　三字　）。

❺ 車で客を送る。 ⇔ 駅で客を（　三字　）。

❻ 新しいノートを使う。 ⇔ （　二字　）ノートを使う。

❼ 制服を着る。 ⇔ 制服を（　二字　）。

❽ 安い商品を求める。 ⇔ （　二字　）商品を求める。

❸			
❶	❸	❺	❼
❷	❹	❻	❽

各3点

❹ 次の――線の意味をあとから一つずつ選び、記号で答えなさい。

❶ 悪政を行い、国を傾けることとなった。

❷ 学者の話に耳を傾ける。

❸ 左側に首を傾ける。

❹ 祝賀会に出席し、杯を傾ける。

ア 斜めにする。　イ 衰えさせる。

ウ 酒などを飲む。　エ 物事に集中させる。

❹	
❶	
❷	
❸	
❹	

各4点

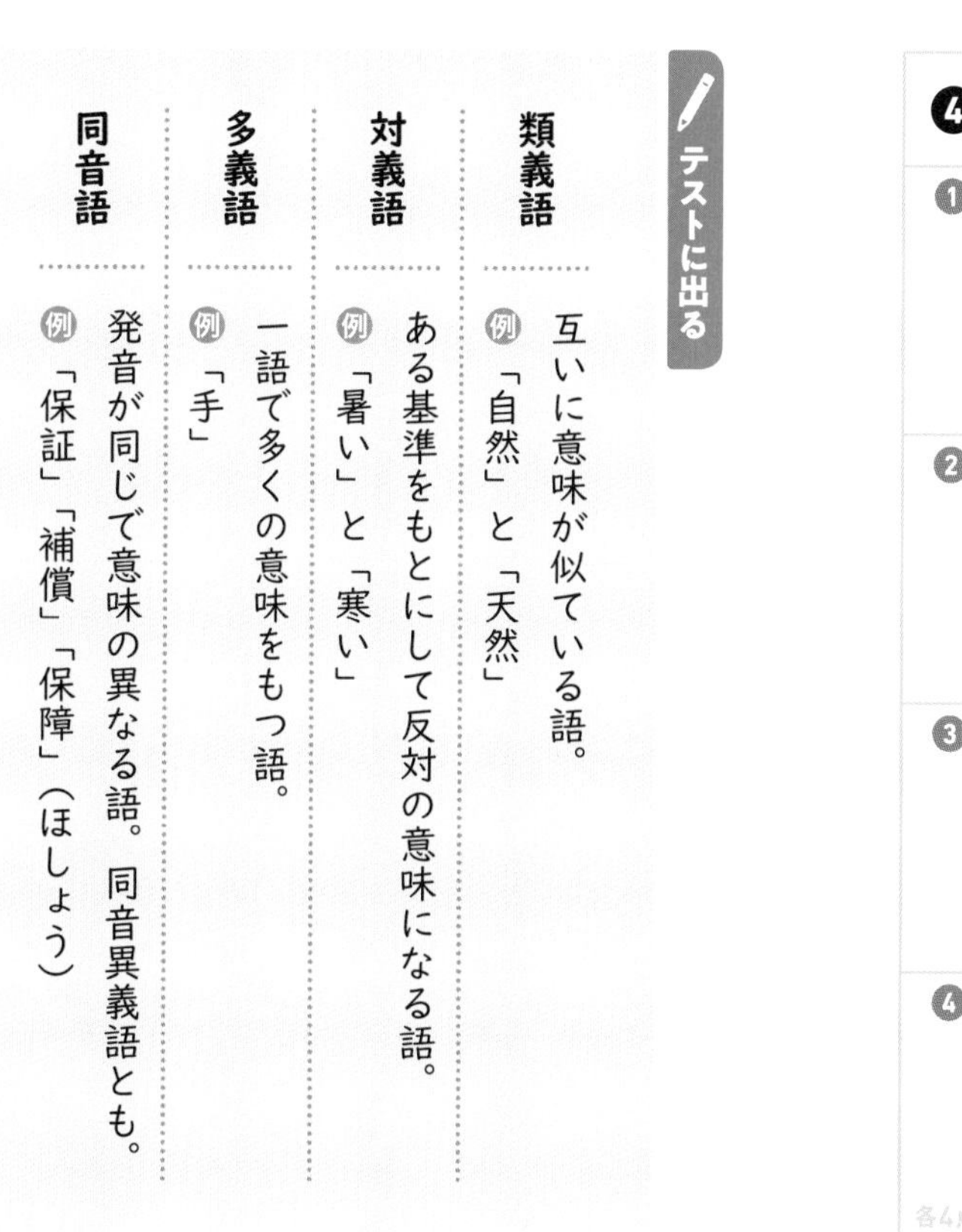

Step 2 漢字の広場4 同音の漢字

（豚～漢字の広場4）

20分 ／100 目標 75点

1 ――部の漢字の読み仮名を書き、カタカナは漢字に直しなさい。

1 警吏の職務。
2 春の宵の風。
3 川の濁流。
4 助命を哀願した。
5 路傍に咲く花。
6 真紅のドレス。
7 排斥される。
8 拾得物を届ける。
9 弓道を習う。
10 ビンカンになる。
11 テイシュをもつ。
12 任務のスイコウ。
13 クウキョな考え。
14 腹のシボウ。
15 メイリョウな発音。

1

1	2	3	4
5	6	7	8
9	10	11	12
13	14	15	

各2点

2 同音の漢字に関する次の問いに答えなさい。

次の読み方をする熟語を、それぞれの文の（　）に合うように書きなさい。

1 カイホウ
ア けがをした人を（　　）する。
イ 病気は（　　）に向かっている。

2 シンコク
ア 税務署に確定（　　）をする。
イ （　　）な悩みを抱えている。

3 コウセイ
ア （　　）に名を残す大事業だ。
イ 福利（　　）の充実した会社である。
ウ 悪の道から立派に（　　）した。

2

	ア	イ	ウ
1			
2			
3			

各10点

テスト前 ✓ やることチェック表

① まずはテストの目標をたてよう。頑張ったら達成できそうなちょっと上のレベルを目指そう。
② 次にやることを書こう（「ズバリ英語○ページ，数学○ページ」など）。
③ やり終えたら□に✓を入れよう。
最初に完ぺきな計画をたてる必要はなく，まずは数日分の計画をつくって，
その後追加・修正していっても良いね。

目標

	日付	やること 1	やること 2
2週間前	/	□	□
	/	□	□
	/	□	□
	/	□	□
	/	□	□
	/	□	□
	/	□	□
1週間前	/	□	□
	/	□	□
	/	□	□
	/	□	□
	/	□	□
	/	□	□
	/	□	□
テスト期間	/	□	□
	/	□	□
	/	□	□
	/	□	□
	/	□	□

QRコードのページに登録すると，「ぴたリンク」からも表をダウンロードできるよ

キリトリ線

テスト前 ☑ やることチェック表

① まずはテストの目標をたてよう。頑張ったら達成できそうなちょっと上のレベルを目指そう。
② 次にやることを書こう（「ズバリ英語〇ページ，数学〇ページ」など）。
③ やり終えたら□に✔を入れよう。
最初に完ぺきな計画をたてる必要はなく，まずは数日分の計画をつくって，
その後追加・修正していっても良いね。

目標

	日付	やること 1	やること 2
2週間前	／	□	□
	／	□	□
	／	□	□
	／	□	□
	／	□	□
	／	□	□
	／	□	□
1週間前	／	□	□
	／	□	□
	／	□	□
	／	□	□
	／	□	□
	／	□	□
	／	□	□
テスト期間	／	□	□
	／	□	□
	／	□	□
	／	□	□
	／	□	□

QRコードのページに登録すると，「ぴたリンク」からも表をダウンロードできるよ

教育出版版 国語2年

定期テスト ズバリよくでる

解答集

〈本体から外してお使いください〉

虹の足

2〜3ページ Step 1

❶
(1) アーチ
(2) ① イ　② エ　③ ウ
(3) イ

考え方

❶
(1) 6行め「山路を登るバスの中で見たのだ、虹の足を。」に着目する。そのあとの行で、見た様子を詳しく説明している。虹が田圃にかかっている部分が「虹の足」に見え、虹全体では「虹のアーチ」がまるで空に立っているかのように見えている。
(2) ①「みたいに」を用いてたとえる方法は直喩。②語句の順序を入れ替えて強調する方法は倒置法。③虹という人でないものを人にたとえる方法は擬人法。
(3) 「火照らせ」や、次の行の「見とれた」という言葉からも、バスの乗客の様子が読み取れる。

タオル

4〜5ページ Step 1

❶
(1) イ
(2) 祖父と父が〜前だった。
(3) 例 もう祖父と話せないことに気づいたから。
(4) ウ
(5) 生まれついての漁師

考え方

❶
(1) 「献杯」が少年の「知らない言葉」だったことを示すため、片仮名で書かれている。
(2) シライさんが少年に写真を渡したあとの描写に着目する。船に乗った「今よりずっと若い」頃の父と祖父の写真であることがわかる。
(5) 「漁師らしくない」のは若い頃の「お父さんの雰囲気」なので、今の父の漁師としての姿を述べた言葉を探すとよい。

タオル

6〜7ページ Step 2

❶ (1) 祖父

(2) 例 思い出話になっていることで、祖父の死を実感したから。

(3) イ・エ（順不同）

(4) 例 祖父の頭にタオルを巻こう（と思っている。）

(5) 涙

(6) 例 タオルを額に巻き、祖父のにおいをかいだことで、祖父の不在が強く意識され、悲しみを実感する気持ち。

❷ ①泊　②紹介　③一隻　④継

考え方

❶ (1) 「思い出話」は、おととい亡くなった祖父についてである。

(2) 直前の文が「寂しくなった」原因にあたる。今はもういないから「思い出話」になるのである。

(3) ――線③の前後の「漁に出るときはいつもタオルを巻いとった」と「そこだけ日に焼けとらんけん」に着目。

(4) 「デコが白い」ままでは「ええ男」ではないので、「タオルを取りに来た」のである。おじいちゃんらしいかっこうにするという意味。

(5) ――線⑤の直前の文の「熱いもの」をさしているが、一語で言いかえる必要がある。

(6) いつも祖父がしていたようにタオルを自分の額に巻くことによって、祖父のタオルの潮のにおいに「おじいちゃんのにおい」を感じ、祖父の不在を強く感じたのである。「額に巻いた祖父のタオルのにおいから、祖父の死を実感し、悲しみが強くなる気持ち。」などでも正解。

文法の小窓1 ／ 漢字の広場1

8〜9ページ Step 2

❶ ①しょうかい　②こばち　③ふうとう　④か　⑤れんらく　⑥ふ　⑦おば　⑧そっこう　⑨ざぜん　⑩えりくび　⑪おおやけ　⑫ほが　⑬たづな　⑭のぞ　⑮そこ

❷ ①虹　②抱　③親戚　④肩　⑤泊　⑥甘　⑦出棺　⑧謙遜（遜）　⑨伸縮　⑩賢慮　⑪堅塁　⑫食膳　⑬褐色　⑭租税　⑮摩擦

❸ ①名詞　②連体詞　③副詞　④接続詞　⑤感動詞

❹ ①ア　②イ　③エ　④オ　⑤ウ

❺ ①険　②〇　③烈　④〇　⑤経

考え方

❸ ①名詞は普通名詞、固有名詞、代名詞、数詞、形式名詞に分けられる。「申込書」は普通名詞である。②連体詞は、「―の」型、「―な」型、「―た」型、「―る」型があるので、代表的なものを覚えておくとよい。体言を含む文節を修飾することにも注意する。③「ゆっくり」は下の「話す」を修飾しており、話している状態を詳しくしているので、状態の副詞。④「だから」は前が原因、後が結果なので「順接」の接続詞。⑤「おはよう」はあいさつの感動詞。

❹ ①前が原因、あとが結果なので「順接」である。③は、前の事柄に理由を「補足」している。

❺ ①「健康保険」「生命保険」、「保健室」「保健所」のように熟語で使い方を覚えておく。③「烈」は「はげしい」という意味。「裂」は「ひきさく」という意味。⑤「緯」は「横糸」、「経」は「縦糸」がもともとの意味。「径」は「道」を表す。

日本の花火の楽しみ

10〜11ページ Step 1

❶ (1) ウ
(2) （内包する）部品作り・組み立て（順不同）
(3) 上昇から落〜止まった時
(4) ア
(5) イ

考え方

❶ (1) この段落の初めに「理想とする花火の姿は」とあり、形や色、消え方などについて説明されている。
(2) ——線②の直前の文の「手作業」に着目する。
(3) 「このタイミング」とは花火玉を開かせるタイミングのこと。それが具体的に述べられているところに着目する。

日本の花火の楽しみ

12〜13ページ Step 2

❶ (1) 花火が開く時の直径
(2) 例「星が泳ぐ」ことと「抜け星」になること。
(3) ア
(4) 例 鮮烈な印象を受け、同時にはかなさを感じる。
(5) 例 花火が華やかに夜空に咲き、すぐに消えていく印象が心の中にのみ残るから。
(6) 例 情緒、風情といった感覚をよく理解し、求める日本人にとって、華やかさとはかなさとを同時に味わえるものだから。

❷ ①北欧 ②魅力 ③芯 ④昇進

考え方

❶ (1) 「それをより大きく見せ」とあるので、花火玉ではなく、観客から見える「花火が開く時の直径」を指している。
(2) 「星が蛇行することと光の一部が欠けること。」でも可。「いずれも」なので、二点書く必要がある。
(3) ——線③の後に「色の変化の多さ」「理想の色に見える」「足並みがそろって同時に変化している」とある。あてはまらないのはアのみ。
(4) 「強烈な余韻」によって、「鮮烈な印象」を受け、「一瞬で消える」から「はかなさ」を感じる。「鮮烈な印象」「はかない（さ）」という言葉が書かれていなければ不正解。
(5) 「その印象が、心の中にのみ残るので、人々は何度も見たいと思うのだろう」とあるため、「その」が指すものを明らかにすること。「その」が指すものは、花火が開いて消えていくこと。
(6) 直前の部分をもとにまとめる。花火が、「情緒」や「風情」を理解し、求める日本人がひきつけられる魅力をもっていることを書く。「情緒、風情のような感覚をもっている日本人にとって、花火は華やかさとはかなさをもっているものだから。」などでも正解。

水の山　富士山

14～15ページ　Step 1

❶ (1) 溶岩の穴を～なっている

(2) 約六十万年前・約十万年前

(3) 粘り気が少～という特質

(4) もしかした

(5) イ

(6) ① 約一万年前以降

② 十万年前（順不同）

—考え方—

❶ (2) 筆者が富士山の内部の構造について調べた部分から探す。埋もれているのは「約六十万年前に噴火してできた古い火山」「約十万年前に再噴火してできた火山」である。

(3) 設問の「特質」という言葉に着目して探す。——線③の次の段落に「～特質」とあるので、二十二字という字数に合わせて抜き出す。

(5) 「すなわち」「つまり」は、前の事柄を言いかえるときに使う。

(6) 「新しい溶岩と古い溶岩の間」のことだが、「の」に続くように「～年前」で答える。

水の山　富士山

16～17ページ　Step 2

❶ (1) 例 新しい地層と古い地層の間を流れていたこと。

(2) ウ

(3) 例 富士山の北側や南側の湧水も、洞穴の中の地下水と同じ水質で、さらに、駿河湾の海水にも富士山から来た水が含まれていること。

(4) そこで、実

(5) 例 富士山の降水が、洞穴を通り、忍野八海に湧き出していたこと。

❷ ① 麓　② 超　③ 溶　④ 粘土

—考え方—

❶ (1) ——線①の後に筆者が調べた結果が述べられている。「すなわち、地下水は古い地層にはしみ込まず、上にあるスポンジのような新しい地層との間を流れていたのである。」とあるので、これを簡潔にまとめる。地下水が「古い地層」と「新しい地層」の間を流れる、ということが書いてあれば正解。

(2) この段落最後の「すなわち」以下に結論が述べられている。

(3) どの方角にある湧水も全部同じ水質であるところから、元はみな同じ富士山の地下水だといえるのである。「水質」を問題にして何度も取り上げている点に着目する。「富士山の北側」（富士五湖、本栖湖、忍野八海）、「富士山の南側」（柿田川湧水、三島市の湧水群）、「駿河湾の海水」が文中に入っていれば正解。

(4) 「…水の旅を追いかけることができた」とあるので、水の流れ方を調べ始めた段落を探せばよい。

(5) (3)の内容をふまえ、～～線部の直前の文と同様の形にして書くとよい。

「富士山の降水が、洞穴を通り、忍野八海までたどり着いていたこと。」などでも正解。

言葉の小窓1　敬語

18〜19ページ　Step 2

❶ ①おうべい　②みりょく　③しん
④はたん　⑤じょうしょう　⑥よいん
⑦ほこ　⑧あとかた　⑨きんせん
⑩ふもと　⑪ゆうしゅつ　⑫こ
⑬ようがん　⑭ねば　⑮きょだい

❷ ①欧州　②魅力　③芯　④綻　⑤昇
⑥韻文　⑦誇示　⑧遺跡　⑨琴　⑩山麓
⑪湧　⑫超　⑬溶　⑭粘土　⑮巨額

❸ ①いただきたい　②おります　③さしあげよう
④いらっしゃる　⑤ぞんじません

❹ ①A　②A　③C　④B

—考え方—

❸ ①「もらう」を謙譲語に直す。②「いる」の謙譲語は「おる」。普通、「ます」をつけて使う。③「あげる」よりも「さしあげる」のほうが、敬意が高い。④「おみえになる」でも可。

❹ ①、②は相手側の持ち物や行為なので尊敬語である。③は聞き手に敬意を表してはいないので美化語。④は自分側の行為なので謙譲語。

夢を跳ぶ

20〜21ページ　Step 1

❶ (1) ①骨肉腫　②ア
(2) ウ
(3) 小学生の時〜になった。
(4) イ
(5) スポーツ

—考え方—

❶ (1) ①②ともに最初の段落の内容を捉える。
(2) 筆者は医師から「手術が必要なことと、膝から下は残せないことを説明され」てショックを受けている。その後の母の言葉を「私の心の叫びを代弁してくれた」と述べていることから、足を失うことでスポーツができなくなることにショックを受けていることがわかる。
(5) 筆者は「目標をもって」ここから「脱出」しようと考えているので、筆者がどのような新しい目標をもとうとしたのかを読み取る。

夢を跳ぶ

❶ 22～23ページ Step 2

(1) Aバランス　B痛み

(2) イ

(3) 例 障がい者のためのスポーツを体験してもらう活動。

(4) 子ども～始めた

(5) 例 病気や障がい

例 夢をもつことの大切さ

(6) 神様はその人に乗り越えられない試練は与えない。

❷ ①麻酔 ②緊急 ③憧 ④繰

―考え方―

❶ (1) 筆者は、まず日常生活用の義足で走る練習をし、走れるぐらいに体の感覚が戻ってきたところで、スポーツ義足を着けるようになった。日常生活用の義足とは違い、「スポーツ義足でバランスをとるのは難しく、最初は転んでばかりだった」とある。続けて、「痛みもひどかった」と述べている。

(2) 直前までの内容をよく確認する。イ「短距離走の選手」は誤り。筆者は「走り幅跳び」の選手として活躍した。

(3) 読み進めると「子どもたちに障がい者のためのスポーツを体験してもらったこともある。」とある。筆者はこの活動を通して、障がい者と「一緒にスポーツができることを感じてもらえるとうれしい」と考えている。

(4) 傍線部の先生の言葉は、前の段落で詳しく書かれている。ここでは、具体的な事例をあげるのではなく、子どもたちが自発的に福祉について学ぶようになったことを答える。

(5) 筆者は、小中学校に招かれて講演する機会がある。そこで話すことは、「病気や障がいのこと、夢をもつことの大切さなど」についてである。

(6) ――線⑤の前の部分に「この言葉」に対しての「私ならきっと乗り越えられるから、この試練を与えられたんだ」「これを乗り越えれば、きっと成長した自分に会えるんだ」という筆者の思いが述べられている。こうした思いをもつきっかけになる言葉を探す。

言葉の小窓2　話し言葉と書き言葉

❶ 24～25ページ Step 2

①こわ ②しゅ ③よう ④きょり ⑤こうぎ ⑥やくざいし ⑦だっしゅつ ⑧しせつ ⑨したい ⑩しげき ⑪ねら ⑫ふくし ⑬こ ⑭あ ⑮ひがい

❷ ①麻酔 ②歳 ③緊急 ④無縁 ⑤憧 ⑥娘 ⑦治療 ⑧戻 ⑨籠 ⑩繰 ⑪疾走 ⑫挑戦 ⑬膨 ⑭高齢 ⑮地震

❸ ①a ②a ③b ④a ⑤b

❹ ①祖母 ②謝罪 ③会話

❺ ①例 きのう ②例 お客さん ③例 お祝いの言葉

―考え方―

❸ 教科書280ページをよく読んで、話し言葉と書き言葉の違いや、それぞれの長所を理解しておく。

❹ ②「あやまる」と言っているので、「謝罪」。③「おしゃべり」は人と話すことなので「会話」。

❺ 熟語を多用することは、話し言葉ではかたく感じられるので、やさしい言葉に言いかえるとよい。

SNSから自由になるために

26〜27ページ Step 1

❶ (1) つながること
(2) SNSに振り回されている状態
(3) イ・エ（順不同）
(4) 他人に認められたい
(5) ア

考え方

❶ (1) 直後に「伝えることが目的というよりも、つながること自体が目的となる」と述べている。
(3) ――線③の後の部分に着目する。「SNSは多くの人が見る公の場であることを常に意識すること」、「SNS内の行為を気にしすぎないこと」がそれぞれイとエの内容に合う。
(4) 直前に「承認欲求に振り回され」とあり、承認欲求を満たすためにこのような行動をすることがわかる。これを九字で言い換えた部分を探すと、最初の段落に「他人に認められたい」という言葉が見つかる。

漢字の広場2　漢字の成り立ち

28〜29ページ Step 2

❶ ①かじゅう ②はっかん ③おうとつ
④きんこ ⑤うらうら ⑥えんこ
⑦ちゅうよう ⑧とくがく ⑨いがた
⑩しょくぼう ⑪けんぎょう ⑫しょうしゅう
⑬りんじん ⑭ちょうけい ⑮さ

❷ ①枠 ②崩落 ③及第 ④竹串 ⑤岬
⑥基礎 ⑦失踪 ⑧鋳造 ⑨召 ⑩勘定
⑪隣 ⑫傘 ⑬舶来品 ⑭胞子 ⑮砲丸

❸ ①門・魚・手 ②本・三・下 ③林・岩・男
④盛・草・泳 ⑤峠・畑・働（①〜④順不同）

❹ ①転注 ②仮借

❺ ①ア ②イ ③ウ ④エ ⑤ウ

考え方

❸ ⑤国字は普通、訓読みしかないが（「峠」「畑」）、「働」は「動」に「亻」を合わせて作られたため、「ドウ」（「動」）という音読みがある。

❹ 転注の漢字の例としては、音楽の意味を表す「楽」を、「楽しい」という意味でも表すようになったことが挙げられる。仮借の漢字は、器を表す意味の「豆」が穀物のまめに用いられるようになったことなどが挙げられる。

❺ ①「犬」は耳を立てた犬のかたちからできている。②「上」は基準の線の上に短い線を引いて「上」を意味させたところから成り立った指事文字。③「鳴」は「口」と「鳥」を合わせて、「鳥がなく」ことを意味する会意文字。④「洋」は水を表す「氵」と「羊」の音を取った形声文字。⑤「解」は「角」と角のある牛を表す「刀」「牛」を組み合わせた会意文字。

「ここにいる」を言う意味

30〜31ページ　Step ❶

❶ (1) イ
(2) 性的少数者であること
(3) 展望が見えず暗い気持ち
(4) ア
(5) ウ

—考え方—

❶ (1) 本文4行め「わたくしも〜」から始まる一文は反論の内容である。その前の広く批判が起こった発言を抜き出す。
(2) 筆者が「性的少数者」であることを公表した後に寄せられた声なので、筆者と同じ立場にある人々だと考えられる。
(4) 前の部分の筆者に寄せられた声の内容から考える。同性のパートナーであることから起きる問題が寄せられている。これは、筆者に寄せられた同性パートナーゆえに起こった出来事や、必要な条例や法整備ができていないことが要因であると考えられる。

紙の建築

32〜33ページ　Step ❶

❶ (1) イ
(2) 支柱に紙管
(3) 仮設住宅・紙の教会（順不同）
(4) 被災者
(5) ウ
(6) 手軽に安く組み立てられる仕組みにした
家族の人数に応じて広さを変えられるようにした（順不同）

—考え方—

❶ (1) 文章中には、ジュネーブのUNHCR（ユーエヌエイチシーアール）の本部に行き、「紙の難民用シェルター」の提案が採用されたというところまでしか述べられておらず、ルワンダでの活動は書かれていないので、イは誤り。
(2) 「シェルター」のことだが、十三字という指定に合う部分を探す。
(4) 「彼ら」のために「仮設住宅を造りました」とあるので、家が倒壊してしまった被災者であることがわかる。
(5) 「間仕切り」とは空間を区切るものである。筆者は避難（ひなん）所で間仕切りを使えば、プライバシーを確保できると考えたのである。

紙の建築

34〜35ページ　Step ❷

❶ (1) ①ウ
②Aデモンストレーション
B防災協定
(2) 例 防災協定を結んでいた大分県からの支援という形で提供した。
(3) 人為的な災害
(4) 生活環境の
(5) 例 住環境を改善するのが建築家としての使命だという信念。

❷ ①耐　②阪神　③伐採　④避難

—考え方—

❶ (1) ①直後の「東日本大震災では、避難（ひなん）所を訪ね歩き、管理者を説得するのにあまりにも時間がかかってしまいました」から読みとれる。
②Aは「平常時にいろいろな自治体の防災の日にデモンストレーションを行い、理解を得られるようにした」の部分から、Bは「そのかいがあって、いくつかの自治体と私の携わるボランタリー・アーキテクツ・ネットワーク（VAN（ヴィーエーエヌ））が防災協定を結び」から抜き出せる。
(2) 「熊本地震」では近隣県の大分県と事前に防災協定を結んでいたことから提供することができたと述べられている。「防災協定を

結んでいた大分県からの支援」という内容が書かれていれば正解。

(3) 筆者は後ろから二つ目の段落で、「地震では、人が直接的に被害をこうむるわけではなく、建物が崩れたために、けがをしたり、亡くなったりしています。それは自然災害ではなく、人為(じんい)的な災害です」と述べていることから「人為的な災害」を抜き出す。

(4) ——線④のある段落の最後に、「避難所や仮設住宅という生活環境の悪いところを改善することも、建築家のすべき仕事だと考えます」と述べており、ここから抜き出す。

(5) 最終段落の「その信念」に着目。直前の「住環境を改善するのが建築家としての使命」の部分を用いて説明する。「住環境を改善することが建築家のすべき仕事だという信念。」などでも正解。

文法の小窓2 活用のある自立語

36〜37ページ Step❶

❶ ①ごうまん ②こうさい ③しゅんえい ④せんにん ⑤そういん ⑥ほうきゅう ⑦じょさい ⑧ちゃくりゅう ⑨ちょうぼ ⑩かんぺき ⑪けいこ ⑫せいやく ⑬せと ⑭よくそう ⑮ざいばつ

❷ ①迅速 ②指摘 ③歌舞伎 ④但 ⑤偵察 ⑥併記 ⑦伴侶 ⑧倫理 ⑨婚姻 ⑩嫉妬 ⑪令嬢 ⑫花嫁 ⑬監督 ⑭冷却 ⑮了解

❸ ①ア ②イ ③ウ ④オ ⑤エ

❹ ①イ・キ ②ウ・カ（順不同）

❺ (1) ①連体形 ②仮定形 ③連用形

(2) イ

—考え方—

❸ 未然形につく「ない」をつけてみて、直前の音がア段なら五段活用、イ段なら上一段活用、エ段なら下一段活用である。「〜する」はサ変、「来る」はカ変と覚える。

❹ 形容詞は「い」で終わり、形容動詞は「だ」（です）で終わる。アとエは、形容詞の語幹に「み」や「さ」がついて名詞になったものである。オは、名詞＋「だ」である。クは、副詞である。

❺ 活用形は下につく言葉と活用語尾から判断する。補助用言は本来の意味が薄れ、「て（で）」につくことが多い。

敦盛(あつもり)の最期(さいご)——平家(へいけ)物語——

38〜39ページ Step❶

❶ (1) Ⓐよわい Ⓓいとおしくて

(2) Ⓑこそ Ⓒける

(3) ウ

(4) イ

(5) イ

—考え方—

❶ (1) 語中・語尾のハ行はワ行になる。

(2) Ⓑ「こそ」がなければ、「む」となる。Ⓒ「ぞ」がなければ、「けり」となる。

(3) 「のたまふ」は「言う」の尊敬語で、「おっしゃる」の意。

敦盛の最期——平家物語——

40〜41ページ Step❷

❶ (1) イ

(2) 土肥、梶原

(3) あまりにいとほしくて

(4) 例 武士の家に生まれたことが残念な気持ち。

(5) 例 味方には、戦場に笛を持っていくような優雅な武士はいないだろう。

(6) 例 武士として敵を討つことを大変つらく感じたから。

❷ ①日没　②衰　③絶滅　④化粧

―考え方―

❶(1)「この殿(若武者)の父は、(若武者が)討たれたと聞いて」という意味。省略されている主語や助詞を補って考える。ここの「ぬ」は「た」と訳す。

(2)「土肥、梶原」は源氏方の武将。「五十騎」を「雲霞」にたとえている。

(3) この文は直実の心情がよく表れている。「いとほし」は「かわいそう」の意。

(4)「弓矢とる身」「武芸の家」は武士として生きることを表す。「残念」、「つらい」などの気持ちが書いてあればよい。

(5) 笛を持っていたことに感心していることをおさえる。「わが源氏の軍の中には、いくさに笛を持っていくような高貴な武士は一人もいないだろうと感動する気持ち。」などでも正解。

(6) 直実が若武者の首を切った時の心情や状況を考える。「武芸の家に生まれなければ若武者を殺さずに済んだのがとても悲しく感じたから。」などでも正解。

随筆の味わい――枕草子・徒然草――

42〜43ページ Step❶

❶ (1) をかし
(2) 蛍
(3) イ
(4) 火桶の火

❷ (1) イ
(2) ウ
(3) 少しのこと

―考え方―

❶(1) この段は「をかし」と思うものについて書いている。

(2) 直前の文の続きである。

(4)「火桶」の中の灰が多くなっていることを捉える。

❷(1)「か」(これ)「ばかり」(だけ)の意。

(2)「何ごとか」の「か」は疑問。

二千五百年前からのメッセージ――孔子の言葉――

44〜45ページ Step❶

❶ (1) イ
(2) ウ
(3) ①ウ
②ア
(4) イ
(5) 置き字

―考え方―

❶(1)「朋」は「とも」と読み、「友」のこと。「自遠方」は、「遠くから」の意。「不亦〜乎」は、「なんと〜ではないか。」という意味を表す句法。

(2)「君子」は、徳が高い人のこと。「君子危うきに近寄らず」ということわざがあり、「教養があり徳の高い人はむやみな行動を慎み、危険なところにはわざわざ近づいたりしない。」ということを表す。

(3) ②――線③に対して孔子は、「人に施すこと勿かれ。」と述べている。つまり、自分がされていやだと思うことは、他人にもしてはいけない、ということ。「〜勿かれ」は禁止(〜してはいけない)を表す。

(5)「也」や「乎」も置き字になることがある。読み仮名や送り仮名があるときは読むので、注意が必要である。

坊っちゃん

46〜47ページ Step ❶

❶ (1) ウ
(2) イ
(3) 泣きながらおやじに謝って
(4) ア
(5) おまえのような者の顔は見たくない

―考え方―

❶ (1) このあとの文章から、ふだん兄がどんな性格で、「俺」とどのように関わっているかをおさえる。
(2) 「くやしかった」の前に「そう早く死ぬとは思わなかった」とあり、反省、後悔しているところから考える。
(3) ここより前から、清がしてくれたことを捉える。

短歌の味わい

48〜49ページ Step ❶

❶ (1) ① イ
② 簡単には成就しない
③ 自らの手で人生を切り開く
(2) ① イ
② おもいで
③ ウ

―考え方―

❶ (1) ① 観賞文中にある『早春』の季節はたちまち過ぎて」とあることから、少女の青春もすぐに過ぎ去っていくことを捉える。
③ 作者が少女にどうなってもらいたいかを説明した部分を観賞文中から捉える。
(2) ①「一生」という体言で短歌が終わっているので体言止め。
② 歴史的仮名遣いの語中・語尾のハ行は、現代仮名遣いではワ行になる。

夏の葬列

50〜51ページ 

❶ (1) ⓑ
(2) ウ
(3) ウ
(4) ヒロ子さん
(5) イ
(6) エ

―考え方―

❶ (1) 比喩表現の方法に着目する。ⓐⓒⓓには「〜ような」というたとえる言葉が使われているので「直喩」。ⓑは息をつめてじっとしている様子を比喩的に表した慣用句。
(2) 「その女の子」は、「白い服」を着ているので、ヒロ子さん。ヒロ子さんが、あとで「彼」に向かって「助けに来たのよ！」と言っていることから考える。
(3) 場面の状況から表現の意味をおさえる。――線②の3行前に艦載機の第二撃が来たと書かれていることから、「無意識のうちに体を覆おうとする」は、見つからないように芋の葉で身を隠すための動作だと考えられる。
(4) 「視野に大きく白い物」が入り、「柔らかい重い物が彼を押さえつけた」ということに着目する。白い服を着たヒロ子さんが、「彼」のところへやってきたのである。ヒロ子さんのことを「物」と表現しているところから、死の恐怖にかられている「彼」には、自分を押さえつけているものがヒロ子さんだと認識できていないことが読み取れる。

漢字の広場3　漢字の多義性

52〜53ページ　Step 2

❶ ①いっきん　②ようし　③ごうきゅう　④しゅうげき　⑤こんきょ　⑥ていぼう　⑦かんきゅう　⑧がんぐ　⑨ぎたい　⑩けいじばん　⑪じょうすい　⑫げし　⑬まんえつ　⑭きぐ　⑮せんりつ

❷ ①紛争　②石碑　③書籍　④金融　⑤汚染　⑥原稿　⑦喫茶店　⑧抵抗　⑨応援　⑩紙幣　⑪販売　⑫語彙　⑬摂理　⑭遺憾　⑮惰性

❸ ①エ　②イ　③ウ　④オ　⑤ア

❹ ①ウ　②ア　③イ

❺ ①ア　②ア　③イ　④エ

考え方

❺ ①イ・ウ・エの「主」は「あるじ」の意味。②イ・ウ・エの「代」は「かわる」の意味。ウは「まこと」の意味。③アの「信」は「しるし」や「合図」の意味。エは「しんじる」の意味。④ア・イ・ウの「洋」は「海」の意。

ガイアの知性

54〜55ページ　Step 1

❶ (1) A科学技術　B匹敵する　(2) ウ　(3) イ　(4) 鯨や象は、　(5) 自分とコミ・精いっぱい（順不同）

考え方

❶ (1) 現代の人間にとって「知性」とは何かをおさえる。最初の段落の最後に「この能力を『知性』だと思いこんでいる」とある。

(3) 「ガイアに存在する」という言い方から、イ「地球」とわかる。

ガイアの知性

56〜57ページ

❶ (1) 高度な「知

(2) イ

(3) ①攻撃的な知性　②例 環境破壊を起こし、地球全体の生命を危機に陥れている点。

(4) 例 自然のもつ複雑な営みを理解し適応する知性。

(5) 例 鯨や象のもつ「知性」を学び、「ガイアの知性」に進化すべきである。

❷ ①撮影　②示唆　③状況　④選択

考え方

❶ (1) 後の段落で象の不思議な力に関する話を紹介しており、それを踏まえて象や鯨が高い知性を備えていることを根拠づけている。

(2) 倉庫に入ることができた象が、最終的にどのような行動をとったかに着目する。

(3) ①——線③を含む文に「人間の『知性』は……『攻撃的な知性』だ」

とある。
②「この『攻撃的な知性』をあまりにも進歩させてきた結果として」の後に、人間の「知性」が引き起こした問題を説明している。

(4) 鯨や象のもつ「知性」は、後の部分に着目すると、自然に対して「繊細に理解し、それに適応して生きる」ための「知性」だとわかる。

(5) 最後の段落ではこれから人間が地球で生きていくために、鯨や象の「知性」から学ぶことの大切さが述べられている。「鯨や象のもつ「知性」を取り入れて、自然に適応すべきである。」などでも正解。

学ぶ力

58～59ページ Step ❶

❶ (1) 日本の子ど
(2) a数値　b比較　c順位
(3) 消化力・睡眠力（順不同）・自然治癒力
(4) 「昨日の自～変化が問題
(5) ア

考え方

❶ (1) 前の部分を見て指示語の内容を捉える。
(2) 筆者が「学力」を数値として捉えることへの考えを述べている部分を抜き出す。
(3) 筆者がこの段落で「学力」と同じような力の具体例として挙げているものを探す。これらの能力を「そういう能力」としているのである。

学ぶ力

60～61ページ Step ❷

❶ (1) 時間的変化
(2) 「私は～いる人
物事に～うな人（順不同）
(3) A意欲　B師
(4) ア
(5) 例「師」にする人をいつも見つけようとしているということ。
(6) 例「無知の自覚」をもちながら自分で「師」を見つける努力を続け、「師」を「教える気」にさせること。

❷ ①潜　②維持　③塞　④墨

考え方

❶ (1) ——線①を含む一文の内容を受け、次の段落で「『学ぶ力』も」と同様の主張が述べられている。
(2) 直後の段落で「無知の自覚」がない態度について述べられている。筆者は、学び足りないという意識がない人を「学力のない人」と指摘している。
(3) ——線③の後半については、学びを始めるためには「師」を見立てる必要がある、という筆者の主張から考える。
(4) 「何か光るもの」を感じれば、どんな人でも「師」に見立ててよいと筆者は考えている。
(5) 「日頃からいつも（「師」を見立てる）アンテナの感度を上げて」おくことをさしている。
(6) 一、「無知の自覚」があること。二、「師（先生）」を自ら見つけようとすること。最後の条件は、その「師」を「その気（教える気）」にさせること。「「学び足りなさ」の自覚をもちながら自ら「師」を見つけようとし、その「師」を「その気」にさせること。」などでも正解。

文法の小窓3　付属語のいろいろ

62～63ページ　Step 2

❶ ①たんこう　②おうひ　③ちょくし　④ちん　⑤きょうけい　⑥に　⑦こくじ　⑧ばんゆう　⑨じゅんし　⑩じゅうそう　⑪いかん　⑫ふぶき　⑬わこうど　⑭えがお　⑮かぜ

❷ ①勾配　②楽譜　③過剰　④缶　⑤漬　⑥頒布　⑦刹　⑧焼酎　⑨総帥　⑩失墜　⑪罷免　⑫且　⑬堕落　⑭捕虜　⑮爵位

❸ ①イ　②エ　③ア　④ウ

❹ ①ウ　②ア　③オ　④カ　⑤エ　⑥イ

❺ ①ウ　②ア　③イ　④イ

考え方

❸ ①格助詞は体言につく。「を・に・が・と・より・で・から・の・へ・や」の十個。「鬼が戸より出、空の部屋」と覚える。
②接続助詞は接続語になる。接続助詞の後に「、」がつくことが多い。
③副助詞はいろいろな言葉につき、数も多い。格助詞と混同しやすいので、格助詞を確実に覚える。
④終助詞は文の終わりにつく。

❹ ②の「で」は格助詞。④「ばかり」は「だけ」に言いかえられるので「限定」を表す。⑥の「と」は「すると」の意。

❺ ①のア、イは可能、ウは受け身の意味である。②のアは様子、イ、ウは伝聞。③のア、ウはたとえ、イは推定。④のア、ウは過去、イは断定。

豚

64～65ページ　Step 1

❶ (1) 5　(2) 豚　(3) イ　(4) ア　(5) ウ

考え方

❶ (1) 第5連は「ステーキ／カツレツ／酢豚」と豚肉を使った料理の名前を並べている。
(2) 詩の話題の中心が「豚」なので、主語は「豚」であると考えられる。
(3) 「目を細める」は「うれしそうにほほえみをうかべる」という意味。泥浴びをしてうれしそうな豚の様子と、子だくさんということから、動物として生きている豚を示している。

走れメロス

66～67ページ Step 1

❶ (1) 悪魔のささやき
(2) イ
(3) 水を両手で
(4) エ
(5) ウ
(6) ア

―考え方―

❶ (1) メロスが言っている「夢」とは、「先刻の、あの悪魔のささやきは、あれは夢だ。」と言っていることから読み取れる。
(3) メロスは水を飲んだ後に、悪い夢から覚めて、「歩ける。行こう。」と、再び歩き始めていることを捉える。
(4) 「ように」や「ような」が用いられているたとえは直喩。
(5) 後の会話の内容をおさえる。「あの男」とは、メロスが助けなければならない友人（セリヌンティウス）のこと。

走れメロス

68～69ページ Step 2

❶ (1) イ
(2) A 例 日が沈む　B 刑場
(3) ウ
(4) 例 日没までに刑場に戻るのを諦め、自分を見捨てるのではないか
(5) 例 お互いに相手を許し、信頼を確かめ合ったことを喜ぶ気持ち。
(6) 群衆は、ど～わめいた。

❷ ① 祝宴　② 拒　③ 眉間　④ 到着

―考え方―

❶ (1) 同じ会話文に、「信じられているから走るのだ。……問題でないのだ」とある。メロスが走る動機は、結果の良しあしに関係なく、自分に偽(いつわ)りなく真面目でいられるかという一点にある。
(2) メロスはどこへ向かって急いでいるかを考える。
(3) 直喩は、「～のように」「～のごとく」などの語句を用いてたとえる表現。
(4) フィロストラトスによれば、セリヌンティウスはメロスが来ることを信じ続けた。しかし、そのことを「ちらと君を疑った」と自ら告白しているのである。
(5) 「ありがとう、友よ。」とお互いに疑ったことを許し合い感謝を述べ、「うれし泣きに」から信頼し合っていたことを喜んでいることを捉える。「相手を疑ったことを互いに告白したことで、許し合い、信頼を確かめられたことに感動する気持ち。」などでも正解。
(6) 信実を証明しようとしたメロスの姿に群衆が感動した箇所を探す。

言葉の小窓3　類義語・対義語・多義語・同音語

70〜71ページ　Step 2

❶ ①はなむこ　②いしょう　③たみ
④ととの　⑤しゃじく　⑥む
⑦ふね　⑧もり　⑨あいがん
⑩まこと　⑪さんぞく　⑫な
⑬た　⑭しんく　⑮みにく

❷ ①敏感　②嘲（嘲）笑　③乞　④処刑　⑤亭主
⑥不吉　⑦今宵　⑧悠々　⑨名誉　⑩拳
⑪濁流　⑫無駄　⑬殴　⑭路傍　⑮欺

❸ ①温かい　②閉める　③貸す　④伸ばす　⑤迎える
⑥古い　⑦脱ぐ　⑧高い

❹ ①イ　②エ　③ア　④ウ

―考え方―

❸ ①「心が冷たい」は、思いやりに欠けているさまを表す。「暖かい」ではないことに注意。

❹ ②「耳を傾ける」は、人の話や意見を熱心に聞く、という意味。同じ熟語に「傾聴」がある。

漢字の広場4　同音の漢字

72ページ　Step 2

❶ ①けいり　②よい　③だくりゅう
④あいがん　⑤ろぼう　⑥しんく
⑦はいせき　⑧しゅうとくぶつ　⑨きゅうどう
⑩敏感　⑪亭主　⑫遂行
⑬空虚　⑭脂肪　⑮明瞭

❷ ①ア介抱　イ快方
②ア申告　イ深刻
③ア後世　イ厚生　ウ更生

―考え方―

❷ ①「介抱」は手当てや世話をすること。「快方」はよくなっていくこと。
②「申告」は役所に申し出ること。「深刻」は物事が重大なこと。
③「後世」は、後の世。「厚生」は豊かな生活をすること。「更生」は立ち直る意。

① まずはテストの目標をたてよう。頑張ったら達成できそうなちょっと上のレベルを目指そう。
② 次にやることを書こう（「ズバリ英語○ページ，数学○ページ」など）。
③ やり終えたら□に✓を入れよう。
最初に完ぺきな計画をたてる必要はなく，まずは数日分の計画をつくって，
その後追加・修正していっても良いね。

目標

	日付	やること1	やること2
2週間前	／	□	□
	／	□	□
	／	□	□
	／	□	□
	／	□	□
	／	□	□
	／	□	□
1週間前	／	□	□
	／	□	□
	／	□	□
	／	□	□
	／	□	□
	／	□	□
	／	□	□
テスト期間	／	□	□
	／	□	□
	／	□	□
	／	□	□
	／	□	□

QRコードのページに登録すると，「ぴたリンク」からも表をダウンロードできるよ

テスト前 ☑ やることチェック表

① まずはテストの目標をたてよう。頑張ったら達成できそうなちょっと上のレベルを目指そう。
② 次にやることを書こう（「ズバリ英語○ページ，数学○ページ」など）。
③ やり終えたら▢に✓を入れよう。
最初に完ぺきな計画をたてる必要はなく，まずは数日分の計画をつくって，
その後追加・修正していっても良いね。

目標

	日付	やること 1	やること 2
2週間前	／	▢	▢
	／	▢	▢
	／	▢	▢
	／	▢	▢
	／	▢	▢
	／	▢	▢
	／	▢	▢
1週間前	／	▢	▢
	／	▢	▢
	／	▢	▢
	／	▢	▢
	／	▢	▢
	／	▢	▢
	／	▢	▢
テスト期間	／	▢	▢
	／	▢	▢
	／	▢	▢
	／	▢	▢
	／	▢	▢

QRコードのページに登録すると，「ぴたリンク」からも表をダウンロードできるよ

キリトリ線

国語2年 教育出版版